多元共治视域下
体育社会组织的培育模式

冯欣欣◎著

人民体育出版社

图书在版编目（CIP）数据

多元共治视域下体育社会组织的培育模式 / 冯欣欣著. -- 北京：人民体育出版社，2025. -- ISBN 978-7-5009-6538-1

Ⅰ．G812.1

中国国家版本馆CIP数据核字第202501BG09号

多元共治视域下体育社会组织的培育模式

冯欣欣　著

出版发行：人民体育出版社

印　　装：北京中献拓方科技发展有限公司

开　本：710×1000　16开本　　印　张：10.25　　字　数：235千字
版　次：2025年3月第1版　　印　次：2025年3月第1次印刷
书　号：ISBN 978-7-5009-6538-1
定　价：52.00元

版权所有·侵权必究

购买本社图书，如遇有缺损页可与发行与市场营销部联系

联系电话：（010）67151482

社　　址：北京市东城区体育馆路8号（100061）

网　　址：https://books.sports.cn/

前　言

20世纪80年代以来，国家通过持续推进行政体制改革，不断释放社会发展的空间。2013年，以《中共中央关于全面深化改革若干重大问题的决定》和《国务院机构改革和职能转变方案》的出台为标志，我国开始了具有划时代意义的社会组织改革。2016年颁行的《关于改革社会组织管理制度促进社会组织健康有序发展的意见》，进一步加快了我国社会组织发展的速度。以社会组织为代表的各领域社会力量不断增强，日益成为我国完善社会治理的重要主体和组织载体。"发展社会组织被纳入社会治理创新的重要范畴。"[1]党的二十大报告强调"健全共建共治共享的社会治理制度，提升社会治理效能。"这意味着社会治理是国家、市场、社会多元主体融合共生的过程[2]，社会组织是我国实施现代社会治理的重要主体，因此关于社会组织的国家政策从以管控为主的"双重管理"，转向"培育扶持和监督管理并重"[3]。

在体育领域，自2014年国务院下发的《国务院关于加快发展体育产业促进体育消费的若干意见》将全民健身上升为国家战略以来，政府日益重视通过政策引导人们参与运动健身，促进健康。我国相继出台了《"健康中国2030"规划纲要》《体育强国建设纲要》等多项政策文件，作为大众参与健身重要组织载体的体育社会组织的发展也受到重视。但长期以来，我国体育社会组织发展仍然存在"人民日益增长的美好生活需要与不平衡不充分的发展之间的矛盾"，数量仍然难以满足当前广大群众不断增长的体育健身需求，且普遍存在组织能力弱的问题，总体发展水平处于初级阶段。如何培育和建设体育社会组织成为我国发展体育事业、建设体育强国亟待研究和解决的问题。

---

[1] 黄晓春.当代中国社会组织的制度环境与发展[J].中国社会科学，2015（9）：146-164，206-207.
[2] 王向民，李小艺，肖越.当前中国的社会组织培育发展研究：从结构分析到过程互动[J].华东师范大学学报（哲学社会科学版），2018（6）：108-120，175-176.
[3] 许芸.社会治理视角下的社会组织培育与发展研究——以江苏省南京市为例[D].南京：南京大学，2015.

世界各国的社会组织在发展中都面临如何处理与政府关系的问题。21世纪以来，国际上开始出现社会组织摆脱与政府的单维度互动关系的模式。社会组织为了谋求发展，开展创新性探索，其互动行为扩展到媒体、互联网等领域，开始出现向公众、向企业争取资源，开展多元合作的趋势[1]。近年来，学界出现了关于"公益市场化"的争论，实务界也展开了社会组织是否应以市场逻辑开展活动的讨论[2]。社会组织实践领域的新趋势提示我们突破"国家与社会关系"的传统视角，将社会组织置于三元框架和权力格局中进行考察[3]，进而打开体育社会组织培育的视野，思考构建多元共治培育格局。

多元共治是人类社会为应对复杂的社会治理局面而发展起来的新的治理模式，其核心思想是打破政府公权力对公共事务治理的垄断，实现政府、企业、社会组织、公民等多主体参与。当前，人类社会发展呈现出前所未有的复杂性，复杂的现代社会对各国政府公共治理能力提出巨大挑战，当下公共治理面临的大量"跨界"（Cross-Sector）问题决定了人类行为、公共治理与社会秩序之间存在复杂的互动和演化关系[4]。针对治理问题的复杂性，学界发展出多元共治理论，其理论源自治理和多中心治理思想，其理论谱系蕴含当前治理理论发展出的合作治理、网络治理及协同治理等多个理论。在实践领域，我国"多元主体共同治理"的思想是由李克强总理在2014年《政府工作报告》中首次提出的，即推进社会治理创新，注重运用法治方式，实行多元主体共同治理。此后，党的十八届三中全会指出，全面深化改革的总目标是完善和发展中国特色社会主义制度，推进国家治理体系和治理能力现代化。党的二十大报告也提出，完善社会治理体系，健全共建共治共享的社会治理制度。随着政府的推动，多元共治模式逐渐在环境保护、公共服务等领域得到推广应用，成为社会治理创新的重要探索。

我国体育社会组织研究发轫于20世纪90年代。伴随国家改革进程，其称谓经历了从"社区体育组织""体育社团"到"体育社会组织"的转变，研究议题也

---

[1] 朱健刚，陈安娜.社工机构的NGO化：专业化的另一种思路[J].华东理工大学学报（社会科学版），2014，29（1）：28-37.

[2] 徐永光.公益市场化刍议[EB/OL]（2014-04-14）[2020-01-04].http://www.charityalliance.org.cn/leaderaction/2902.jhtml#:~:text.

[3] 郏宪达，万向东.回到社会权力：新生社会组织的生存策略探讨——基于L机构的个案研究[J].华东理工大学学报（社会科学版），2017（4）：52-64.

[4] 李文钊.理解治理多样性：一种国家治理的新科学[J].北京行政学院学报，2016（6）：47-57.

呈现较为明显的阶段性特征。具体如下：①体育社团理论发端。卢元镇首先探讨了体育社团的概念、性质等[①]。他的观点奠定了体育理论界对非政府、非营利性体育组织研究的基础。此后，学者们大多沿这一方向展开研究。②体制改革背景下体育社团改革。21世纪初，学界开始以公共管理理论为指导，基于体制改革背景从合法性和市民社会视角分析体育社团整体改革问题，提出"实体化发展"、由"无权形式型"向"有权实效型"转变等建议。③政府职能转变及推进政府购买与体育社团发展。学界从2008年开始关注这方面的议题。王旭光等[②]将体育社团作为公共体育服务多元供给主体之一，探讨体育社团的管理模式。刘庆山认为政府职能转变有利于促进体育社团发展[③]。王凯珍等认为政府选择使全国性体育社团面临社会合法性危机[④]。随着国家不断推进政府购买公共服务，廖建媚[⑤]、郭修金和戴健[⑥]研究提出体育社团应通过加强内部治理结构建设、增强独立性等提高公共体育服务供给能力。

经过多年探索，我国体育社会组织研究积累了较为丰富的成果，为后续研究奠定了基础，总体表现为：①较多为宏观"应然"层面的研究，中微观"实然"层面的研究相对较少。②较多研究体育社会组织管理问题，较少关注政社关系。③在体育社会组织发展研究方面，较多关注政府力量，较少关注社会力量和市场力量。

基于对我国体育社会组织已有研究成果的梳理和分析，确立了本书的研究取向：①重视从中观、微观层面开展研究；②重视对政府、社会组织和企业间关系的研究；③更关注在承认政府主导前提下，社会组织和企业的参与问题；④更关注对体育社会组织形成目前状态的历史过程的挖掘。⑤更关注实践层面的实然状态。

本书以省、市层面的体育社会组织培育与建设问题作为研究对象。综合运用文献分析法、问卷调查法、个案研究法、访谈法对体育社会组织治理与培育的状

---

① 卢元镇. 论中国体育社团[J]. 北京体育大学学报，1996（1）：1-7.
② 王旭光，杨莉，王迪佳，等. 我国地方体育社团的现状、面临问题和发展对策研究——基于建设多元化公共体育服务体系的视角[J]. 天津体育学院学报，2008，23（4）：302-305.
③ 刘庆山. 重构与嵌入：政府职能转变背景下我国体育非营利组织健康发展研究[J]. 西安体育学院学报，2011（3）：283-287.
④ 王凯珍，汪流，黄亚玲，等. 全国性体育社团改革与发展研究——基于学理层面的思考[J]. 天津体育学院学报，2010（1）：6-9.
⑤ 廖建媚. 我国政府购买非营利组织体育服务研究[J]. 成都体育学院学报，2013，39（10）：17-21.
⑥ 郭修金，戴健. 政府购买体育社会组织公共体育服务的实践、问题与措施——以上海市、广东省为例[J]. 上海体育学院学报，2014，38（3）：7-12.

况、问题进行系统分析与阐释。在中国这样一个具有"强政府"传统的社会中，体育社会组织的发展注定离不开政府，这也使得政社关系成为体育社会组织治理研究中不可回避的重要议题，无论是体育社会组织改革研究还是体育社会组织的培育发展研究，都离不开对政社关系的观察。基于此，本书专章论述体育社会组织与政府的关系，提出体育社会组织善治的政社关系前提，厘清政府与体育社会组织关系，剖析体育社会组织的治理模式变迁历程，着力分析当前体育社会组织培育的必要性，构建多元主体参与的共治培育模式。

主要研究成果体现在以下方面：

（1）体育社会组织培育是在我国国家治理体系与治理能力现代化背景下生发的显性命题，是当今时代的议题。该培育议题的出现，源于体育社会组织长期的发展积累，可以说，是体育社会组织长期的治理模式造就了当前体育社会组织亟待培育的局面，因此，有必要回顾并系统梳理我国体育社会组织治理模式的变迁历程。本书通过分析不同阶段体育社会组织发展的状况及其治理特点，剖析治理模式变迁的逻辑机理，阐述变迁过程呈现的特征，探究治理模式变迁的动力机制，整体上呈现了我国体育社会组织的治理概貌，可为新时代体育社会组织培育提供镜鉴。

（2）以体育领域社会组织治理的独特性为切入点，系统分析和阐述体育社会组织治理中政府与体育社会组织的关系变迁的历程，着重分析了当前体育治理转型背景下政府与体育社会组织在国家、省、市不同层面呈现的复杂关系样态，剖析了政社关系中存在的主要问题，并提出了体育社会组织善治的政社关系前提。

（3）从宏观层面剖析了我国体育社会组织培育的必要性，将各类主体具体化为不同层级、不同类型的机构，细致剖析了政府、社会组织、企业等多元主体培育体育社会组织的动机，选择具有代表性的15个省、市的体育社会组织进行问卷调查，全面反映了当前我国体育社会组织的治理状况，并就体育社会组织培育政策执行情况进行梳理，分析了体育社会组织培育政策执行中面临的困境。

（4）提出体育社会组织培育模式及其分类依据，借助典型案例分析了政府力量主导型培育模式、社会力量主导型培育模式、市场力量主导型培育模式，剖析了每种培育模式的典型实施方式；梳理归纳了体育社会组织培育中呈现的治理特点，分析了各类培育模式存在的不足。

（5）在界定体育社会组织多元共治培育模式的基础上，提出构建多元共治培育模式的原则，建构了涵盖政府、社会组织和企业角色定位、相互关系和运作机制的多元共治培育体系，分析这一模式面临的挑战，系统分析多元共治模式下体育社会组织的建设路径。

本书基于笔者在体育社会组织领域10余年的研究积累及近五年带领团队开展的专题研究成果撰写而成，研究过程中，团队成员王桂红、孙素玲、荆俊昌等参与收集资料。本书由笔者提出写作框架，王桂红参与撰写第四章，笔者主笔全部章节并最后定稿。因研究期间受到疫情、个人大病等事件影响，研究成果留有诸多遗憾和不足。研究之初确立的取向，有的还没有很好地达成。虽然如此，笔者还是怀着敝帚自珍的心情将其分享于广大读者，希望能对体育社会组织研究感兴趣的学者有所帮助，并恳请学界同人和读者批评指正。期待本书能为促进我国体育社会组织更好地服务全民健身事业做出贡献。

感谢研究团队成员的精诚合作。在调研过程中，团队成员采访了部分体育管理部门和体育社会组织工作人员。笔者借鉴了相关领域已有的研究成果，在此特向相关研究者表示感谢。在本书成稿过程中，笔者得到人民体育出版社领导和编辑同志的耐心帮助，在此一并表示感谢。

冯欣欣
2024年4月于沈阳

目　录

第1章　绪论 ··· 1

  1.1　研究背景与问题提出 ·· 1
      1.1.1　研究背景 ·· 1
      1.1.2　问题提出 ·· 4
  1.2　核心概念 ·· 4
      1.2.1　体育社会组织 ·· 4
      1.2.2　体育社会组织培育 ··· 5
  1.3　国内外研究状况 ··· 6
      1.3.1　国外研究的主要议题 ·· 6
      1.3.2　国内研究的理论热点 ·· 8
  1.4　研究设计 ··· 13
      1.4.1　研究对象 ··· 13
      1.4.2　研究方法 ··· 13
  1.5　研究思路 ··· 14

第2章　多元共治理论剖析及其适用性 ······································· 15

  2.1　多元共治理论的源流与谱系 ·· 15
      2.1.1　多元共治的理论源流 ··· 15
      2.1.2　多元共治的内涵及其理论谱系 ································ 18
  2.2　多元共治的治理结构 ·· 22
      2.2.1　治理结构的主体 ·· 22
      2.2.2　治理结构的演变 ·· 24
  2.3　多元共治理论对体育社会组织培育研究的适用性 ··················· 24
      2.3.1　我国体育社会组织培育研究的局限及其突破 ·············· 24
      2.3.2　多元共治理论的适用性 ·· 28

第3章　体育社会组织治理模式变迁及其逻辑机理 ······················· 32

  3.1　分析的视角与框架 ··· 32

3.2 中华人民共和国成立以来体育社会组织治理模式的变迁 ········· 33
3.2.1 "单中心、强迫性工具"治理阶段（1949—1992 年）········· 35
3.2.2 "单中心、有限多样化工具"治理阶段（1993—2001 年）····· 37
3.2.3 "多中心萌发、有限多样化工具"治理阶段（2002—2012 年）··· 40
3.2.4 "多中心、多样化工具"治理阶段（2013 年至今）········· 42
3.3 体育社会组织治理模式变迁的逻辑机理 ················ 44
3.3.1 体育社会组织治理模式变迁的特征 ················ 44
3.3.2 体育社会组织治理模式变迁的动力机制 ············· 46

第 4 章 体育社会组织治理中的政社关系 ·················· 52
4.1 我国关于政社关系认识的进展 ···················· 52
4.1.1 宏观视角的结构化分析 ····················· 52
4.1.2 中微观视角的过程性分析 ···················· 54
4.1.3 对各类研究视角的分析 ····················· 55
4.2 体育社会组织治理进程中政社关系的变迁 ·············· 56
4.2.1 体育领域社会组织治理的独特性 ················· 57
4.2.2 多样化政社关系变迁 ······················ 60
4.2.3 当前体育社会组织治理中的政社关系（2013 年至今）······· 62
4.3 我国体育治理中政社关系存在的问题 ················· 67
4.3.1 金牌目标约束政社关系 ····················· 68
4.3.2 制度政策滞后影响政社关系 ··················· 68
4.3.3 管理体制固化制约政社关系 ··················· 69
4.4 体育社会组织善治的政社关系前提 ·················· 69
4.4.1 转变"全能政府"观念 ····················· 70
4.4.2 破除管理体制障碍 ······················· 70
4.4.3 理顺多重关系，营造社会组织发展的环境 ············ 71

第 5 章 体育社会组织培育的动因及其政策执行 ·············· 72
5.1 体育社会组织培育的必要性与动机 ·················· 72
5.1.1 培育体育社会组织的必要性 ··················· 72
5.1.2 多元主体培育体育社会组织的动机 ················ 74
5.2 体育社会组织的治理状况 ······················ 80
5.2.1 体育社会组织治理状况调查方案设计 ··············· 80
5.2.2 体育社会组织的基本状况 ···················· 81
5.2.3 体育社会组织的资源来源 ···················· 82
5.2.4 体育社会组织管理的规范性 ··················· 83
5.2.5 体育社会组织的自主性 ····················· 83

5.2.6　体育社会组织的职能履行 ·· 84
　5.3　体育社会组织发展的困境及其培育需求 ·· 84
　　　5.3.1　体育社会组织发展的困境 ·· 84
　　　5.3.2　体育社会组织的培育需求 ·· 85
　5.4　体育社会组织培育的政策及其执行 ·· 87
　　　5.4.1　我国体育社会组织培育的政策 ·· 87
　　　5.4.2　体育社会组织培育政策的执行情况 ·· 93
　　　5.4.3　体育社会组织培育政策执行的困境 ·· 95

第6章　体育社会组织培育模式分析 ···97

　6.1　体育社会组织培育模式的内涵与分类 ·· 97
　6.2　体育社会组织培育模式的类型 ·· 98
　　　6.2.1　政府力量主导型培育模式 ·· 98
　　　6.2.2　社会力量主导型培育模式 ·· 104
　　　6.2.3　市场力量主导型培育模式 ·· 110
　6.3　体育社会组织培育模式的治理特征 ·· 118
　　　6.3.1　多元培育主体显现，但发展不均衡 ·· 118
　　　6.3.2　培育模式多为地方探索，尚未形成普遍性实践 ························ 118
　　　6.3.3　地方性培育实践依赖于政策创新，但政策供给仍显不足 ············ 119
　　　6.3.4　培育手段趋于多样化，但社会化、市场化手段仍不足 ··············· 119
　6.4　体育社会组织培育模式存在的问题 ·· 119
　　　6.4.1　政府力量主导型培育模式存在的问题 ···································· 119
　　　6.4.2　社会力量主导型培育模式存在的问题 ···································· 120
　　　6.4.3　市场力量主导型培育模式存在的问题 ···································· 121
　　　6.4.4　总体上未形成多元主体协同培育模式 ···································· 121

第7章　体育社会组织多元共治培育模式分析 ·······································122

　7.1　体育社会组织多元共治培育模式的构建 ·· 122
　　　7.1.1　体育社会组织多元共治培育模式的内涵 ································· 122
　　　7.1.2　体育社会组织多元共治培育模式构建的指导思想与原则 ············ 123
　　　7.1.3　体育社会组织多元共治培育模式的总体框架 ···························· 124
　7.2　体育社会组织多元共治培育模式的结构体系 ···································· 125
　　　7.2.1　体育社会组织培育的多元主体角色 ······································· 125
　　　7.2.2　体育社会组织多元共治培育模式中的互动关系 ························ 127
　　　7.2.3　体育社会组织多元共治培育模式的运行机制 ···························· 128
　7.3　体育社会组织多元共治培育模式面临的挑战 ···································· 130
　　　7.3.1　体育社会组织治理的法治环境有待完善 ································· 130

- 7.3.2 多元主体间协同性不足 …… 131
- 7.3.3 政府的培育主体作用发挥不明显 …… 132
- 7.3.4 企业参与动力不足 …… 132
- 7.3.5 体育社会组织力量薄弱 …… 132

7.4 多元共治模式下体育社会组织建设的路径 …… 133
- 7.4.1 优化体育社会组织发展环境 …… 133
- 7.4.2 深化政府体育管理改革 …… 134
- 7.4.3 提升体育社会组织能力 …… 135
- 7.4.4 加大市场主体参与的力度 …… 137
- 7.4.5 完善培育的协同机制 …… 137
- 7.4.6 创新体育社会组织治理方法和手段 …… 138

参考文献 …… 140

附录 …… 146
- 附录1 "多元共治视域下体育社会组织培育模式研究"专家问卷 …… 146
- 附录2 体育社会组织治理状况与培育需求调查问卷 …… 149
- 附录3 体育社会组织治理状况与培育需求访谈提纲（体育社会组织负责人）…… 152

第 1 章

绪 论

改革开放以来，尤其是成功举办北京2008年奥运会后，我国持续推进体育改革，构建新型体育发展方式。在诸多改革政策激励下，我国体育社会组织发展呈现分化趋势，在原有同构于体育管理部门的体育社团之外，从基层发育、发展出大量民间体育社会组织，这些组织在全民健身发展中发挥了组织基层大众参与体育的巨大作用。与此同时，国家力推同构型体育社会组织脱钩改革，使其真正回归非政府特性。由于当前仍处于体育发展的转型期，这两类体育社会组织的发展都面临诸多困境，所以亟待以有效的培育激励措施助力其发展。

1.1 研究背景与问题提出

1.1.1 研究背景

1. 体育社会组织在全民健身国家战略实施中的作用凸显

改革开放至今的40余年间，随着经济社会不断发展，社会结构发生了巨大变化，社会主体日趋多元，大一统的计划管理模式已经难以适应市场经济发展的需要。国家通过持续推动政府机构改革，转变政府职能，优化政府结构体系。同时，国家不再只将社会作为治理客体，而是将其作为国家治理重要的依托力量，不断释放社会发展的空间。据民政部统计，截至2023年底，全国共有社会组织88.2万个[1]。以社会组织为代表的各领域社会力量不断增长，日益成为我国完善社会治理的重要主体和组织载体。"发展社会组织被纳入社会治理创新的重要范畴。"[2]

从体育领域来看，随着我国社会经济发展，人均GDP（Gross Domestic Product，

---

[1] 民政部. 2023年民政事业发展统计公报[EB/OL].（2024-10-11）[2024-12-1]. https://www.mca.gov.cn/n156/n2679/c1662004999980001204/attr/355717.pdf.

[2] 黄晓春. 当代中国社会组织的制度环境与发展[J]. 中国社会科学，2015（9）：146-164，206-207.

国内生产总值）持续增长，由2014年的46531元，增长到2024年的95749元。居民收入增加，带来消费结构的变化，由健康需求引发的运动健身热潮经久不衰。国家顺应社会需求变化，开始重视体育事业尤其是大众体育的发展，2014年国务院下发的《国务院关于加快发展体育产业促进体育消费的若干意见》提出"将全民健身上升为国家战略"。2016年我国先后出台《国务院办公厅关于加快发展健身休闲产业的指导意见》《全民健身计划（2016—2020年）》《"健康中国2030"规划纲要》；2019年出台《健康中国行动（2019—2030年）》和《体育强国建设纲要》；2020年出台《国务院办公厅关于加强全民健身场地设施建设发展群众体育的意见》，2021年出台《国务院关于印发全民健身计划（2021—2025年）的通知》。可见，我国政府日益重视通过相应政策引导人民参与运动健身，促进人民健康。

开展大众体育，促进群众参与运动健身，需要通过一定的组织载体来实施，因此，体育社会组织发展受到重视。《健康中国行动（2019—2030年）》规定"建立健全群众身边的健身组织"；《体育强国建设纲要》规定"优化全民健身组织网络"。据统计，截至2021年我国共有体育社会组织达到4.73万个。近年来的大众体育实践表明，体育社会组织在全民健身战略的实施中发挥着不可替代的作用。如何完善培育体育社会组织的政策，促进其不断朝着制度化、规范化方向发展，发挥其在基层社会的动员功能，以服务全民健身国家战略，将是未来着力解决的重要问题。

2. 社会组织善治与培育成为重要的政策议题

2010年以来，我国政府管理社会组织的政策发生重要转向，社会组织发展的制度环境发生非常大的转变。不同于历史上的"管控约束和双重管理"[1]，现在我国政府更侧重于采取引导性、支持性和规范性政策，通过培育、扶持等手段促进社会组织善治。为调动社会组织参与社会服务的积极性，充分发挥社会组织在完善基层治理、促进社会和谐方面的积极作用，我国相继制定、颁行多项政策。从2012年起，民政部每年制定实施《中央财政支持社会组织参与社会服务项目实施方案》，以项目形式开展中央财政支持社会组织参与社会服务。2012—2021年，在财政部支持与推动下，中央财政项目累计实施3546个，投入资金27.06亿元，

---

[1] 俞可平，中国公民社会：概念、分类与制度环境[J]. 中国社会科学，2006（1）：109-122，207-208.

其中中央财政资金投入 15.88 亿元[①]。2013 年我国出台的《国务院机构改革和职能转变方案》明确提出"重点培育、优先发展行业协会商会类、科技类、公益慈善类、城乡社区服务类社会组织"。2016 年我国出台的《关于通过政府购买服务支持社会组织培育发展的指导意见》提出通过政府向社会组织购买服务，引导社会组织加强自身能力建设。在国家政策的引导下，各级各地政府积极开展培育社会组织发展的实践探索。

党的十八大以来，以人民为中心的发展思想深入人心。党的十九大报告强调，"转变政府职能，深化简政放权，创新监管方式，增强政府公信力和执行力，建设人民满意的服务型政府"。只有解决"人民日益增长的美好生活需要和不平衡不充分的发展之间的矛盾"，人民才能满意。党的二十大报告专章提出"增进民生福祉，提高人民生活品质"。仅依靠政府难以实现提高人民生活品质、让人民满意的目标，还需要通过完善社会治理，培育社会组织，提高其善治能力，引导更多的社会组织参与供给。党的二十大报告强调"健全共建共治共享的社会治理制度，提升社会治理效能"。这意味着社会组织的善治与培育离不开国家和市场力量的参与[②]。此后，中央各政府部门制定实施了一系列支持社会组织发展的政策，将社会组织作为我国实施现代社会治理的重要主体，由以管控为主的"双重管理"，转向"培育扶持和监督管理并重"[③]。

社会组织发展的资源困境是世界性难题，为获取资源，社会组织需妥善处理与政府的关系。21 世纪以来，各国社会组织为了谋求发展，纷纷开展创新性探索，摆脱与政府单维度互动的发展模式，其互动行为扩展到媒体、互联网等领域。开始出现向公众、向企业争取资源，开展多元合作的呼吁[④]。近年来，学界还出现了"公益市场化"争论[⑤]。社会组织的多元实践提示我们突破"国家—社会"

[①] 佚名. 引导社会组织在服务社会中汲取成长的力量——"中央财政支持社会组织参与社会服务项目"10 年述评[EB/OL].（2022-07-04）[2024-12-01]. https://www.baiyin.gov.cn/bysmzj/mzyw/art/2022/art_d7d5bceed0354d7d8a1a742dc5934a78.html.

[②] 王向民, 李小艺, 肖越. 当前中国的社会组织培育发展研究：从结构分析到过程互动[J]. 华东师范大学学报（哲学社会科学版），2018（6）：108-120，175-176.

[③] 许芸. 社会治理视角下的社会组织培育与发展研究——以江苏省南京市为例[D]. 南京：南京大学，2015.

[④] 朱健刚, 陈安娜. 社工机构的 NGO 化：专业化的另一种思路[J]. 华东理工大学学报（社会科学版），2014，29（1）：28-37.

[⑤] 徐永光. 公益市场化刍议[EB/OL].（2014-04-14）[2020-01-04]. http://www.charityalliance.org.cn/leaderaction/2902.jhtml#:~:text.

关系认识，将社会组织置于三元框架和权力格局中进行考察[1]，进而打开体育社会组织培育的视野，思考如何构建多元共治的治理格局和培育路径。

1.1.2　问题提出

在我国推动各类社会组织参与建设国家治理体系和治理能力现代化的背景下，2019 年国家体育总局力推各级各类项目协会脱钩改革，改革后的运动项目协会由于脱离了体育管理部门的庇护，出现了各种各样的问题。与此同时，随着体育强国战略目标的推进，竞技体育和大众体育发展担负着艰巨的任务，在竞技体育方面需完成 2020 年夏奥会、2022 年冬奥会等金牌任务；在大众体育方面，需满足城市居民日益增长的体育需求，加强大众体育组织化发展。为顺利实施体育强国战略，体育社会组织治理将长期存在改善发展环境、制度支持和政策扶持等方面的需求。

近年来，我国体育社会组织已获得长足发展，但体育社会组织数量仍然难以满足当前广大群众不断增长的体育健身需求，且普遍存在组织能力弱的问题，总体发展水平处于初级阶段。据统计，我国每 10 万人拥有正式登记的体育社会组织不到 4 个，而德国每 890 人就拥有 1 个体育社会组织，我国与其相比差距明显[2]。除数量少外，体育社会组织普遍规模较小，资源匮乏，组织化程度不高，未能形成完善的内部治理结构，组织能力较弱。如何完善体育社会组织治理、培育和建设体育社会组织成为我国发展体育事业、建设体育强国亟待解决的问题。

1.2　核心概念

1.2.1　体育社会组织

因我国社会组织存在"民间组织""非营利组织""慈善组织"等众多称谓，学者王名认为我国社会组织发展历程比较特殊，并不存在严格意义上的社会组织，"由公民自发成立，具有一定程度的非营利性、非政府性和社会性特征的各种组织形式及其网络形态即可称为社会组织"[3]。受此影响，体育社会组织也存在众

---

[1] 郤宪达，万向东. 回到社会权力：新生社会组织的生存策略探讨——基于 L 机构的个案研究[J]. 华东理工大学学报（社会科学版），2017（4）：52-64.
[2] 卢文云，王志华，华宏县. 群众"健身难"问题破解路径研究[J]. 体育科学，2021，41（5）34-43.
[3] 王名. 社会组织概论[M]. 北京：中国社会出版社，2010：1.

多称谓，如体育社团、非营利体育组织[①②③]、民间体育组织[④⑤⑥]、非政府体育组织[⑦]等。对于体育社会组织的概念界定，反映出学者不同的学科视角。关于体育社团比较有代表性的观点是卢元镇的"目的说"[⑧]和黄亚玲的"规范说"[⑨]。此外，马志和和张林对非营利体育组织予以界定，认为"非营利体育组织是指不以营利为目的、主要开展各种志愿性的公益或互益体育活动的非政府社会组织"[⑩]。该定义强调了这类组织的非政府、非营利特性，认为其外延要比体育社团宽泛，将体育类民办非企业单位纳入其中。魏来和石春健认为"体育非营利组织是指以服务群众的体育方面需求为宗旨，独立于政府部门之外，不以营利为目的的公益性组织"[⑪]。这些界定为本书提供了借鉴。

按照社会组织法规的规定，体育社会组织主要分为体育社团、民办非企业单位和基金会三类。在这三类中，体育社团在我国发展时间最长，与政府部门的关系最为复杂，最需要改革和培育。因此，本书指称的治理和培育对象（体育社会组织）主要是体育社团。借鉴学者关于社会组织和体育社会组织的界定，笔者认为体育社团是由人们自愿组成，致力于开展体育运动（或活动），在一定程度上具有非营利性、非政府性和社会性特征的组织形式及其网络形态。

1.2.2 体育社会组织培育

"培育"一般是指对弱小生命或事物的扶持。《辞海》对"培育"的定义是：对幼小生命体的培养，使其健康发育、成长和壮大。具体到组织培育方面，培育就是将组织视为一个有机体，采取措施促使组织成长的过程。

由于我国社会组织普遍能力不足、发展较慢，所以存在培育需求。有学者将社会组织培育理解为由有权机关进行的，以提高社会团体能力、促进其健康快速

---

① 黄旭，程林林. 非营利体育组织研究述评[J]. 体育与科学，2011，32（5）：1-5.
② 胡宇，刘青. 我国非营利体育组织政府管理模式特点及创新研究[J]. 成都体育学院学报，2012，37（1）：33-36.
③ 马志和，张林. 非营利体育组织发展前瞻：一个市民社会的视角[J]. 天津体育学院学报，2003（2）：59-61.
④ 熊振强，赖齐花. 政府职能转变下我国法定民间体育组织发展研究[J]. 西安体育学院学报，2011，28（4）：437-440.
⑤ 许月云，许红峰，王海飞. 民间体育组织发展现状调查——以福建省为例[J]. 北京体育大学学报，2010，33（9）：4-8.
⑥ 陈泽兵. 社会转型期我国民间体育组织的发展研究[J]. 成都体育学院学报，2002（4）：27-28，32.
⑦ 刘东峰，杨蕾. 我国非政府体育组织的需求与供给[J]. 成都体育学院学报，2005，31（6）：27-30.
⑧ 卢元镇. 论中国体育社团[J]. 北京体育大学学报，1996（1）：1-7.
⑨ 黄亚玲. 论中国体育社团——国家与社会关系转变下的体育社团改革[D]. 北京：北京体育大学，2003.
⑩ 马志和，张林. 非营利体育组织发展前瞻：一个市民社会的视角[J]. 天津体育学院学报，2003（2）：59-60.
⑪ 魏来，石春健. 体育非营利组织的界定[J]. 体育学刊，2005，12（3）：129-131.

发展为目的，制定、实施提供特殊优惠和鼓励的法律、法规、政策措施等的活动[1]。但是，随着多元力量参与社会治理的发展，当前对社会组织进行培育的主体已经不仅仅是有权机关。

借鉴已有研究，笔者认为社会组织培育是指政府、社会乃至企业等为提高社会组织的组织能力，促进其快速发展，采用制定政策、提供资金与物质资源、培训人员等多种手段，为社会组织营造有利环境、创造发展条件的管理过程。本书将体育社会组织培育具体化为对体育社团的培育，并将其操作化，具体如下：培育目标是促进体育社团能力提高，使组织获得发展；培育主体是多元的，包括政府机构、其他社会组织、市场企业；培育客体包括脱钩后的官办体育社团，以及民间自发成立的体育社团；培育内容主要有社团内部的组织能力、社团外部营造良好环境；培育手段包括制度手段、政策手段、资源手段、合作手段等。

1.3 国内外研究状况

1.3.1 国外研究的主要议题

欧美国家一般将非营利体育组织纳入非营利组织研究范围[2]，检索2008—2018年的《Journal of Sport Management》《Sociology of Sport Journal》等体育管理和体育社会学期刊，发现国外关于体育社会组织的研究议题主要如下：

（1）**体育社会组织的作用**。Mark认为国际性体育非政府组织应在职业体育发展日益国际化的背景下承担体育管理责任[3]。Tanguy和Ignacio认为体育社会组织在推动体育事业发展中发挥了积极作用[4]。

（2）**体育社会组织与政府的关系**。David介绍了体育用品行业、拯救儿童基金会（the Save the Children Fund，SCF）与巴基斯坦锡亚尔科特地区的各种国际和地方组织之间的伙伴关系[5]。Davies等介绍了赞比亚社会组织通过和世界其他

---

[1] 徐家良. 社会团体导论[M]. 北京：中国社会出版社，2011：75.

[2] 黄旭，程林林. 非营利体育组织研究述评[J]. 体育与科学，2011，32（9）：1-5.

[3] MARK S R. Governing sports in global era: A political economy of major league baseball and it's stakeholders[J]. Indiana journal of global legal studies. 2000, 8(1): 121-144.

[4] TANGUY J, IGNACIO U. Why NGOs matter for the success of sports events? The case of the America's Cup[M]. London: Cambridge University Press, 2010: 209-219.

[5] DAVID H. NGOs as development partners to the cooperates: Child football stitches in Pakistan[J]. Development in practice, 2000, 10(3-4): 377-389.

地方的组织合作，提供体育节目和生活技能教育，以应对艾滋病问题[1]。Lyndsay 和 Wendy 根据伙伴关系理论，从瑞士和加拿大体育促进发展非政府组织的工作人员角度，分析与高性能体育伙伴关系的紧张局势[2]。

（3）体育社会组织内部管理。 Daellenbach 等认为赞助是体育非营利组织的重要资金来源[3]。Kaburakis 认为体育非营利组织的行为会因受到体育市场竞争的影响而在一定程度上发生改变，与组织业绩高度相关的因素是管理者素质及组织目标设定、规划等[4]。Ansgar 和 Jochen 研究认为志愿体育俱乐部与经济组织不同，并分析了这类组织的结构，认为其因缺乏明确的组织目标而发展困难，权力与专业能力的不协调、任务分配的不明确妨碍其作出有充分根据的决策，此外，从俱乐部内部招聘管理人员是阻碍组织变革的主要因素[5]。

（4）体育社会组织良性治理。 2010 年后，体育治理议题趋热，学者们就体育社会组织的治理策略、治理的战略能力框架、董事会战略能力等展开研究。Ferkins 等探讨了国家体育组织董事会如何提升其战略能力的问题，认为董事会对战略实施的更多参与提高了董事会履行其战略职能的能力，明确了董事会和 CEO（Chief Executive Officer，首席执行官）共同领导的重要性、平衡这种关系的复杂相互作用，以及将战略整合到董事会流程中的必要性[6]。Lesley 和 David 从利益相关者角度分析体育社会组织如何提高治理能力[7]。David 和 Boyle 以澳大利亚三个体育组织为例，探讨了信任的表现及其对体育合作水平的影响[8]。Wolfgang 讨论了体育组织中良好治理的概念、存在的挑战和有待解决的问题，以重大事件为

---

[1] DAVIES B, LAIN L, RUTH J, et al. Partnerships involving sports-for-development NGOs and the fight against HIV/AIDS: Research in Lusaka, Zambia, 2007[M]. York: York St John University, 2008.
[2] LYNDSAY M C H, WENDY F. Inevitable tensions: Swiss and Canadian sport for development NGO perspectives on partnerships with high performance sport[J]. European sport management quarterly. 2010, 10(1): 75-96.
[3] DAELLENBACH K., DAVIES J., ASHILL N J. Understanding sponsorship and sponsorship relationships-multiple frames and multiple perspectives[J]. Nonprofit volunt, 2006, 2:73-87.
[4] KABURAKIS A. International comparative sports law-The US and EU systems of sport governance: commercialized vs. social-cultural model-competition and labor law[J]. The international sports law journal, 2008, 3-4:108-127.
[5] ANSGAR T, JOCHEN M. Characteristics of voluntary sports clubs management: A sociological perspective[J]. European sport management quarterly, 2009.9(1):81-89.
[6] FERKINS L, SHILBURY D, MCDONALD G. Board involvement in strategy: Advancing the governance of sport organizations[J]. Journal of sport management, 2009, 23(3):245-277.
[7] LESLEY F, DAVID S. Board strategic balance: An emerging sport governance theory[J]. Sport management review, 2015, 18(4): 489-500.
[8] DAVID S, BOYLE L Ó. Exploring issues of trust in collaborative sport governance[J]. Journal of sport management, 2015, 30(1):52-69.

例，提出了加强善治的设想①。

（5）体育社会组织能力提升。Eilidh 研究认为希望用大型赛事作为运动参与催化剂的申办队伍应直接为志愿体育俱乐部提供资金和指导，以确保他们拥有参与国家体育活动的工具、知识和能力②。Patti 和 Alison 提出了一种针对社区体育组织的全面的能力建设模式③。

综上，国外学者主要关注的议题有体育社会组织的作用、体育社会组织与政府的关系、体育社会组织自身管理、体育社会组织有效治理及能力提升等，侧重于从微观层面展开研究。尽管没有体育社会组织培育方面的直接研究成果，但国外学者对体育社会组织合作、治理及能力提升议题的关注，表明体育社会组织发展仍然是国外体育社会科学研究的重要议题。同时，关于体育社会组织与政府的关系、体育社会组织治理及能力提升方面的研究给本书以启示。

1.3.2 国内研究的理论热点

梳理近 20 年我国关于体育社会组织研究的文献，能够发现较为明显的议题走向，即伴随体育社会组织改革发展的不断深入，相关研究呈现出从关注改革到关注发展，进而关注与政府的关系及能力建设议题的变化。

1. 体育社会组织改革的议题

改革开放以来，体育社会组织改革作为体育管理体制改革工程的重要组成部分始终受到关注。改革初期，学者们比较关注与改革有关的一般性问题，着重探讨影响改革的环境因素及其基础，并关注改革的目标，提出改革的实施路径等。从影响改革的环境因素来看，有学者从文化环境④角度进行分析，还有学者关注转型社会⑤及法律环境⑥⑦对改革的影响，更多学者着力于分析政府改革⑧及其职能

---

① WOLFGANG M. Governance in sports organisations[J]. The palgrave handbook on the economics of manipulation in sport, 2018:247-256.
② EILIDH H R M. Delivering sports participation legacies at the grassroots level: The voluntary sports clubs of glasgow 2014[J]. Journal of sport management, 2017, 31:15-26.
③ PATTI M, ALISON D. Capacity building in nonprofit sport organizations: Development of a process model[J]. Sport management review, 2016(19):365-377.
④ 黄亚玲. 制约中国体育社团组织发展的文化因素[J]. 山东体育学院学报，2004（3）：11-13.
⑤ 陈泽兵. 社会转型期我国民间体育组织的发展研究[J]. 成都体育学院学报，2002（4）：27-28，32.
⑥ 张恩利，董小龙，郭春玲，等. 我国体育社团改革法治环境的涵义、内容及特征[J]. 西安体育学院学报，2011（4）：405-408.
⑦ 郭春玲. 中国体育社团改革的若干法律制度设计[J]. 西安体育学院学报，2010（6）：641-644.
⑧ 丁赞. 论体育社团生存与发展的现实"环境"及其职能[J]. 体育与科学，2006（5）：62-64.

转变①②的影响。黄亚玲就我国体育社会组织改革提出以下建议:"无权形式型"向"有权实效型"改革;撤销行使政府管理权力的运动项目管理中心;将人们自发组织的小团体纳入社区已注册社团的二级组织中③。王广虎和胡艳分析了我国体育社会团体改革基础构建问题,认为推动体育社团改革必须加强理论基础、组织基础、行业基础的构建④。因体育社会组织在社会大环境中发挥作用,有学者从和谐社会角度阐述体育社会组织的作用,提出基于构建和谐社会的体育社会组织改革的建议⑤⑥。

以上学者在一般意义上将体育社会组织作为一个整体来研究。随着我国不断推进体育管理体制改革,学者们开始关注不同类别的体育社会组织改革问题。其中,国家及省市层面的体育总会和各单项运动协会改革成为关注焦点。汪流系统研究了体育总会的改革与发展问题,分析了体育社团改革的特点,剖析这类组织的运作逻辑,就其存在的问题提出具有创新性的发展路径⑦。李启迪聚焦全国性单项运动协会改革,深度剖析单项协会"同构"模式的优势,分析这一模式存在的问题,集中就全国性单项运动协会改革的总体目标与阶段性目标进行设计⑧,提出了一些富有启发意义和实践指导价值的观点。

2. 体育社会组织发展的议题

与体育社会组织改革相伴的是体育社会组织的发展,改革的目的是促其发展,而处于转型期的体育社会组织发展也离不开改革。因此,与体育社会组织改革的议题处于同一时期的比较集中的议题是体育社会组织发展的议题。同体育社会组织改革研究类似,部分学者将体育社会组织作为一个整体,分析其发展问题⑨⑩。更多学者则注意到不同类型体育社会组织的独特之处,聚焦于某种类型的组织开展研究。孙国友等从市民社会角度分析我国非营利体育组织的发展路

---

① 刘庆山. 重构与嵌入:政府职能转变背景下我国体育非营利组织健康发展研究[J]. 西安体育学院学报,2011(3):283-287.
② 熊振强,赖齐花. 政府职能转变下我国法定民间体育组织发展研究[J]. 西安体育学院学报,2011(4):437-440.
③ 黄亚玲. 中国体育社团的发展——历史进程、使命与改革[J]. 北京体育大学学报,2004(2):155-157.
④ 王广虎,胡艳. 论我国体育社团改革的基础构建[J]. 成都体育学院学报,2005(2):12-16.
⑤ 许治平,李志杰,郑璐,等. 和谐社会理论对体育社团改革的指导意义[J]. 西安体育学院学报,2010(1):23-25.
⑥ 赵树耀,贾晓鸣. 论构建和谐社会过程中我国体育社团的作用与改革建议[J]. 首都体育学院学报,2006(6):96-97.
⑦ 汪流. 我国体育社团改革与发展研究[D]. 北京:北京体育大学,2008.
⑧ 李启迪. 我国全国性单项运动协会改革与发展研究[D]. 北京:北京体育大学,2011.
⑨ 王铮,张远蓉. 基于市民社会和法团主义理论对我国体育非营利组织发展的思考[J]. 南京体育学院学报,2011(5):39-41.
⑩ 孔维峰,李军岩. 组织变革视野下中国非营利体育组织发展障碍及路径[J]. 沈阳体育学院学报,2012(1):46-48.

径[①]。沈国盛对宁波市单项体育社团展开深度调研，以此为例，分析了地方性单项体育社团创新发展模式问题，提出"社会自主""官助民办""购买服务"三种发展模式[②]。王凯珍等分析了全国性体育社团的生成、运作、组织模式等，从学理角度分析了这类组织的性质、管理原则、合法性等，从制度环境及主管部门关系角度提出了发展建议[③]。

除环境因素限制体育社会组织发展外，各类体育社会组织在发展中面临的最为实际的困难是资金短缺，这是制约体育社会组织发展的普遍性和关键性因素。肖嵘等对我国省区市体育社团经费来源进行研究，提出以财政支持、社会捐赠、兴办实体、会员会费等方式扩大经费来源[④]。龙秋生采用量化研究方法，对珠三角地区体育社团经费来源进行分析，提出构建经费来源调控长效机制的建议[⑤]。

随着大众体育的发展，体育社团呈现分化趋势，大量自发性体育社会组织从基层成长和发展起来，这类体育社会组织的发展引起学者关注。汪流和李捷从我国大众体育发展的现实出发，就社区草根体育组织的生存与发展提出"行政吸纳"的建议[⑥]。张向群和杨亚红则关注欠发达地区自发性体育组织的培育与发展问题，提出成立社区服务中心等培育与发展思路[⑦]。刘建中从协同学视角分析社区自发性群众体育组织的形成与发展机制，提出这类组织发展所需的系统协同要素及动力机制[⑧]。

3. 体育社会组织与政府关系的议题

随着体育管理领域政府职能的转变，各地开始探索政府购买公共体育服务的实践方法，部分体育社会组织成为政府购买服务的参与者。学界关注到这一现象并加以研究，同时关注实践中呈现的体育社会组织与政府关系的议题。

---

① 孙国友，李江，张玉秀. 我国非营利体育组织的发展路径之研究[J]. 南京体育学院学报，2006（4）：16-18.
② 沈国盛. 地方性单项体育社团发展模式创新研究——基于宁波市单项体育社团的调研[J]. 成都体育学院学报，2008（6）：18-20.
③ 王凯珍，汪流，黄亚玲，等. 全国性体育社团改革与发展研究——基于学理层面的思考[J]. 天津体育学院学报，2010（1）：6-9.
④ 肖嵘，汤起宇，吕万刚. 我国省区市体育社团经费来源现状及其发展思路的研究[J]. 北京体育大学学报，2005（7）：874-876.
⑤ 龙秋生. 我国体育社团经费来源调控的长效机制研究——以珠三角地区为例[J]. 成都体育学院学报，2010（7）：17-20.
⑥ 汪流，李捷. 社区草根体育组织：生存境遇及未来发展[J]. 武汉体育学院学报，2011（2）：17-21.
⑦ 张向群，杨亚红. 欠发达地区自发性体育组织的培育与发展——以广东省粤北、粤西地区为例[J]. 成都体育学院学报，2009（12）：26-28.
⑧ 刘建中. 协同学与社区自发性群众体育组织形成与发展机制[J]. 体育学刊，2009（8）：40-43.

廖建媚关注政府购买非营利体育组织服务的现象，提出很多地方的购买模式已经显示出较大的发展潜力，并开始形成各自的特色，但也存在购买行为"内部化"和"运动化"的现象[①]。此后，政府购买社会组织服务成为研究的热点。郭修金和戴健以上海市和广东省为例，分析我国政府购买体育社会组织公共体育服务的实践与问题，并提出可行措施[②]。沈克印和吕万刚从学理层面分析政府购买公共体育服务的逻辑与边界[③]。王春顺等就社会组织承接政府购买公共体育服务进行研究，提出体育社会组织承接政府购买公共体育服务的"全面响应、补其短板及精准定位"策略[④]。

关于体育社会组织与政府的关系，汤晓波基于政府与民间组织合作的视角分析英国体育发展模式[⑤]。汪流关注草根体育组织与政府的关系，认为草根体育组织与政府应"合作"，从现实角度提出二者从"政府主导式合作"向"互补式合作"转变的建议[⑥]。谢叶寿和阿英嘎[⑦]、彭菲[⑧]、张宏[⑨]分别从不同角度关注体育社会组织与政府的关系议题。郑振宇收集了美国、英国、俄罗斯、德国、澳大利亚、日本等国的资料，分析了这些国家体育社会组织与政府的关系[⑩]。

4. 体育社会组织能力建设的议题

体育社会组织发展的根本在于加强组织能力，随着体育社会组织的不断发展，其能力建设成为显性命题。学者们认识到在我国现有环境下体育社会组织独立发展面临的困境，以及政府对这类组织实施培育的重要性，就培育议题展开研究，相关研究成果主要出现在 2016 年以后。

舒宗礼以全民健身国家战略为背景，分析社区青少年体育社会组织的培育问

---

① 廖建媚. 我国政府购买非营利组织体育服务研究[J]. 成都体育学院学报，2013, 39（10）: 17-21.
② 郭修金, 戴健. 政府购买体育社会组织公共体育服务的实践、问题与措施——以上海市、广东省为例[J]. 上海体育学院学报，2014, 38（3）: 7-12.
③ 沈克印, 吕万刚. 政府购买公共体育服务的学理逻辑与边界问题研究[J]. 首都体育学院学报，2018, 30（2）: 117-121.
④ 王春顺, 向祖兵, 李国泰. 社会组织承接政府购买公共体育服务的路径与策略[J]. 体育科学，2019, 39（8）: 87-97.
⑤ 汤晓波. 当代英国体育发展模式的转变——基于政府与民间组织合作的视角[J]. 体育学刊，2013（3）: 55-60.
⑥ 汪流. 草根体育组织与政府关系向度研究[J]. 西安体育学院学报，2014, 31（1）: 6-11.
⑦ 谢叶寿, 阿英嘎. 公共体育服务政府与非营利组织合作供给逻辑分析[J]. 西安体育学院学报，2015（6）: 675-679.
⑧ 彭菲. 社会治理新常态下体育社会组织与政府合作治理机制研究[J]. 首都体育学院学报，2017（4）: 336-338, 347.
⑨ 张宏. 政府与体育社会组织: 从主管、监管到合作、培育——从文化变迁的视角[J]. 广州体育学院学报，2017（5）: 1-4, 9.
⑩ 郑振宇. 部分国家政府与体育社会组织关系的研究[J]. 首都体育学院学报，2018, 30（2）: 142-144.

题，提出这类组织的培育与发展"既需要有外部的政策扶持和物质支持的推动，又需要有组织内部的治理结构完善和治理模式创新的驱动"的观点[①]。王立杰和陈家起则认为"政府与体育社会组织之间信任不足，制约政府转移公共体育管理权利的力度，也制约体育社会组织参与公共体育服务的热情"[②]。孙哲等基于社会治理视角对我国体育社会组织培育路径展开研究，提出政府应从行政管控转变为多元治理、组织应从被迫组织转变为自我组织、地位应从流浪身份转变为合法席位、监管应从双重监管转变为合规监管的体育社会组织培育路径[③]。万文博等就江苏省人民政府培育体育社会组织的实践展开研究，提出优化培育的路径[④]。

学者们除了关注体育社会组织因得到培育而增长能力，还专门就组织能力展开研究。李采丰和陈伟基于全民健身视角，研究体育社会组织发展能力的指标体系，并分别从政府、社会和体育社会组织方面提出针对性建议[⑤]。杜梅和叶锦就体育社会组织参与基层治理的能力展开研究，提出参与社会化、治理程序法治化、组织监管合作化、资源配置最优化、组织发展国际化与本土化等措施[⑥]。

经过多年探索，我国在体育社会组织研究方面积累了较为丰富的成果，为后续研究奠定了基础。但既有研究还存在提升空间，具体如下：①多运用市民社会、合法性及公共服务等宏观理论，对体育社会组织进行整体性的"应然"研究，较少关注中、微观层面"实然"的体育社会组织发展状态。②多从政府或体育社会组织某一方角度研究组织改革及其管理，较少关注政社关系对社会组织发展的影响，尤其是缺少对培育关系方面的系统研究。③多认为政府是体育社会组织发展的重要影响因素，较少思考社会和市场对体育社会组织发展的作用。④对体育社会组织研究多采用一定的理论视角，描述改革与政府的关系及能力建设等静态状态，较少涉及动态过程性研究。⑤大多成果基于理论建构，以二手资料进行演绎分析，较少深入实际挖掘体育社会组织发展的实际案例，研究成果的说服力和解释力有限。

基于以上关于我国体育社会组织研究存在不足的分析，本书确立的取向是：①相比于宏观理论分析，更重视基于中观、微观层面开展研究；②相比于组织内部管

---

① 舒宗礼. 全民健身国家战略背景下社区青少年体育社会组织的培育与发展[J]. 体育科学，2016（6）：3-10.
② 王立杰，陈家起. 降序信任：体育社会组织培育的路径探索[J]. 山东体育学院学报，2016（5）：25-30.
③ 孙哲，戴红磊，于文谦. 我国体育社会组织培育路径研究——基于社会治理的视角[J]. 西安体育学院学报，2018（1）：43-47.
④ 万文博，王政，蔡朋龙，等. 江苏省政府培育体育社会组织的实践及路径优化[J]. 体育学刊，2019（5）：56-63.
⑤ 李采丰，陈伟. 全民健身视角下体育社会组织发展能力指标体系及应用研究[J]. 北京体育大学学报，2019（2）：55-63.
⑥ 杜梅，叶锦. 体育社会组织参与基层治理能力研究：实证与路径创新[J]. 西安体育学院学报，2019（5）：580-587.

理的分析，更重视对政府、社会组织和企业间关系的研究；③相比于仅关注政府力量的分析，更关注在承认政府主导前提下社会组织和企业参与的问题；④相比于对研究对象的静态描述，更关注对其形成目前状态的历史过程的挖掘。⑤相比于理论化的"应然"分析，更关注揭示实践层面的"实然"状态。

1.4 研究设计

1.4.1 研究对象

本书以省、市层面的体育社会组织治理与培育问题为研究对象。由于我国体育社会组织改革是一个从国家到地方都实施的实践，其中，尤以体育社团的改革与建设最为突出，所以将调查对象具体化为省、市层面的体育社团。其中，既包括由政府主导成立并实施脱钩改革的体育社团，也包括民间自发成立的体育社团；既涉及一些对体育社团的总体性治理议题，也包括国家政策及社团管理的内容。

1.4.2 研究方法

1. 文献分析法

收集多元共治理论和体育社会组织发展与培育方面的中外文献资料，为本书提供借鉴；收集我国国家层面及北京、上海、广东、江苏等地体育社会组织培育与建设方面的政策、文件、制度、章程等，获取关于体育社会组织治理实践的文献资料。

2. 问卷调查法

为了解我国省、市层面体育社会组织的治理状况，采用问卷调查法于2020年3月至2021年3月对部分体育社会组织开展调查。调查对象既包括在民政部门登记注册获得合法身份的体育社团组织，也包括一些自发成立、挂靠于各级体育总会的体育社团。

3. 个案研究法

选择"上海市体育局""上海市足球协会""北京市体育总会""南京爱德社会组织培育中心""南京市栖霞区社会组织服务中心""恩派公益组织发展中心"等

个案，利用查阅网站、实地走访等方式，对个案实施调研，从个案中获得体育社会组织管理和培育的一手资料。

4. 访谈法

为深入获取体育社会组织治理与培育方面的资料，运用访谈法对部分地区体育管理部门的管理人员、体育社会组织的负责人等进行访谈。部分访谈面对面进行，部分访谈采用网络形式完成。

1.5 研究思路

本书包括四个主要研究内容：一是政社关系问题，政社关系是完善体育社会组织治理的前提，只有厘清政府在体育社会组织治理与培育中应该承担的角色及其责任，才能真正引入并构建多元共治培育模式。二是体育社会组织治理问题，体育社会组织长期的治理模式造就了当前体育社会组织亟待培育的局面，且培育也是治理的内容之一。三是培育动因与政策执行问题，描述和分析体育社会组织培育需求的现实状况，分析各类主体培育体育社会组织的动机，以及体育社会组织培育政策执行的情况，发现培育中存在的问题。四是培育模式及其实现机制问题，分析适应多元共治理念的体育社会组织的培育模式及其实现机制。五是建设路径问题，剖析体育社会组织多元参与的建设路径。研究总体框架是基于国家治理现代化和全民健身国家战略的要求，运用理论研究、调查研究、个案研究，揭示体育社会组织治理与培育中政府与体育社会组织的关系，剖析体育社会组织培育政策现状，在此基础上探寻体育社会组织新的培育模式及其实现机制，分析新形势下体育社会组织的建设路径。

研究总体框架如图 1-1 所示。

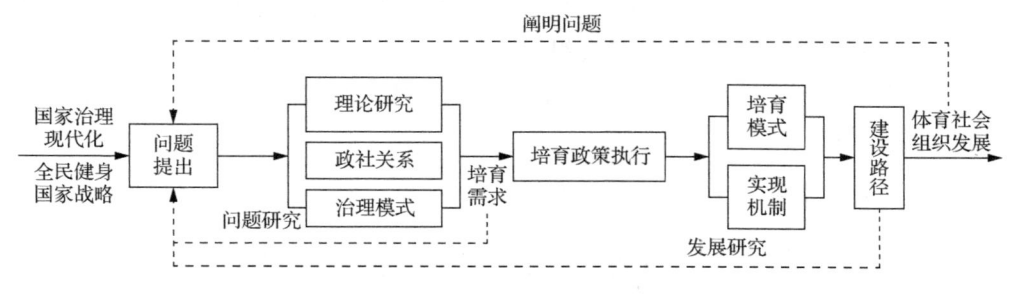

图 1-1 研究总体框架

第 2 章

多元共治理论剖析及其适用性

"多元主体共同治理"的思想是李克强总理在 2014 年《政府工作报告》中谈及推进社会治理创新时首次提出的,即"推进社会治理创新,注重运用法治方式,实行多元主体共同治理"。此后,党的十八届三中全会指出,"全面深化改革的总目标是完善和发展中国特色社会主义制度,推进国家治理体系和治理能力现代化"。党的十九大报告从统筹推进"五位一体"总体布局、协调推进"四个全面"战略布局的高度,明确提出打造共建共治共享的社会治理格局,提出一系列新思想新举措,为在新的历史条件下加强和创新社会治理指明了方向。党的二十大报告提出,完善社会治理体系,健全共建共治共享的社会治理制度,提升社会治理效能,畅通和规范群众诉求表达、利益协调、权益保障通道,建设人人有责、人人尽责、人人享有的社会治理共同体。至此,国家倡导的多元共治理念与实践逐步成熟。尽管我国多元共治思想的形成经历了一个探索的过程,但实际上,多元共治有其深厚的理论渊源和深刻的思想内涵。

2.1 多元共治理论的源流与谱系

2.1.1 多元共治的理论源流

多元共治简单地说就是多元主体共同参与治理,显然,这里的核心是治理。20 世纪末,"治理"还是一个相对陌生的概念,然而,如今"治理"几乎和"政治""民主"一样常见,这表明无论是学界还是实务界都已接纳"治理"概念。随着治理实践的发展,在"治理"的基础上又发展出"多中心治理""善治"等概念。这些都成为多元共治的理论源流。

1. 治理理论

进入 21 世纪以来,在政治学、社会学、管理学等领域,"治理"一词得以不断普及,它既是推动政府改革的重要理论,也是壮大社会力量、促进社会和谐发展的分析工具。作为进入 21 世纪后发展起来的理论范式，治理理论吸纳了新公共行政、新公共服务和公共选择等理论的精髓，形成自身的理论体系。该理论强调民间社会各类组织之间，以及其与政府之间建立良性互动的网络机制和体系，关注社会政治、管理系统的复杂性机制[①]。

"治理"（Governance）最初与"统治"（Govern）含义相同。20 世纪末，西方学者在更多的领域赋予 Governance 新的理论内涵，有学者认为"治理"同"统治"应区别发展，其内涵的变化意味着"统治的条件已经不同于前，是一种新的统治过程或以新的方法统治社会"[②]。

学者关于"治理"内涵的理解有不同观点。比较有代表性的是詹姆斯·罗西瑙（James·Rosenau）和罗伯特·罗茨（Robert·Rhodes）的观点。前者提出"治理既指涉政府机制，也指涉非正式、非政府的机制"[③]。后者提出治理的范畴包括最小国家管理活动、公司管理活动、新公共管理、善治、社会控制体系和自组织网络[④]。这几种关于治理的定义，都表明治理应用广泛。

在各类关于治理的定义中，全球治理委员会对治理作出的界定得到各界认可，具体定义如下："治理是个人和公共或私人机构管理其公共事务的诸多方式的总和。是使相互冲突的或不同利益得以调和，并采取联合行动的持续过程"，既包括正式制度和规则，也包括非正式制度安排。治理的特征如下：治理不是一整套规则，也不是一种活动，而是一个过程；治理的基础不是控制，而是协调；治理既涉及公共部门，也涉及私人部门；治理不是一种正式的制度，而是持续的互动[⑤]。我国学者俞可平认为"治理是一种公共管理活动和公共管理过程"，包括必要的公共权威、管理规则、治理机制和治理方式[⑥]。

综合关于治理的多种观点，从五个方面理解其内涵，即治理的主体是多元化的，包括政府等公共部门、非政府或非营利部门、企业和志愿者等；治理主体之间通过多元互动形成相互依赖的网络关系；治理强调目标的多元化，多元目标最终指向社会协调发展和全面进步；治理的手段是多样化的，强制和压迫不再是主

---

① 麻宝斌，等. 公共治理理论与实践[M]. 北京：社会科学文献出版社，2013：4.
② RHODES R. Understanding Governance: Policy Network, Governance, Reflexivity and Accountability[M]. Buckingham: Open University Press, 1997:1-2.
③ 詹姆斯·罗西瑙. 没有政府的治理——世界政治中的秩序与变革[M]. 张胜军，刘小林，等译. 南昌：江西人民出版社，2001：5.
④ 罗伯特·罗茨. 新的治理[C]//俞可平. 治理与善治. 北京：社会科学文献出版社，2000：86-96.
⑤ 全球治理委员会. 我们的全球伙伴关系[M]. 香港：牛津大学出版社，1995：23.
⑥ 俞可平，等. 全球治理引论[J]. 马克思主义与现实，2002（1）：20-32.

要手段，而民主协商、合作互助及网络化管理得到更多应用；治理强调对象或内容的公共性，以公共事务或公共问题作为对象[1]。

基于以上关于治理概念和特征的认识，学者们又概括出治理的本质，即治理意味着最低限度的国家。我国学者认为这五个方面从不同角度揭示了治理的本质，综合起来，合作是治理的灵魂、治理的精神追求、治理的核心价值。在治理范式之下，思维方式彻底转变，强调思考问题的整体性、前瞻性、长远性和动态性；价值观念发生根本转变，要求以人为价值核心，提升人的主体地位；社会关系被重新塑造，以公共利益为目标构建整体、合作、和谐的社会关系[2]。

2. 多中心治理理论

迈克尔·博兰尼（Michael Polanyi）在其著作《自由的逻辑：反思与辩驳》中阐释了多中心的思想，认为组织任务中存在单一中心和多个中心两种秩序[3]。从理论层面创设并阐释多中心治理理论的是美国学者埃莉诺·奥斯特罗姆（Elinor Ostrom）夫妇。他们基于长期对洛杉矶地区地下水及美国大城市地区警察服务的案例研究，认为由于公共事务治理过程中会出现政府失灵和市场失灵现象，所以应摆脱仅由政府或仅由市场主导的单中心治理模式，建立多中心治理模式，该模式的主体包括政府、市场、社会，可以克服市场或政府单中心治理的不足。多中心治理理论的核心是：主张采用分级别、分层次、分阶段的多样性制度设置，加强政府、市场、社会之间的协同共治[4]。

多中心治理理论的观点主要包括：①治理目标服务社会利益最大化，其实质是通过构建政府、市场、社会共同参与的多元共治模式，为社会提供公共物品和公共服务，最大限度满足公共利益需求。②治理主体多元化，在公共事务治理中，政府不再是唯一的主体，除政府外的市场主体、社会主体乃至公民个体都可以参与治理过程，且各主体间可以形成一定的竞争，这样可以使政府迫于压力提高效率和回应性。公共事务治理主体的多元化是其核心观点，各多元主体地位平等，既具有独立性，也具有依赖性，既具有竞争性，也具有合作性。③治理方式表现为结构和方式两个方面，从结构来看，以网状结构代替垂直结构，各类主体

---

[1] 麻宝斌，等. 公共治理理论与实践[M]. 北京：社会科学文献出版社，2013：10.
[2] 麻宝斌，等. 公共治理理论与实践[M]. 北京：社会科学文献出版社，2013：17-21.
[3] POLANYI, M. The logic of liberty: Reflections and rejoinders[M]. Chicago: University of Chicago Press, 1980: 137-140.
[4] 李平原. 浅析奥斯特罗姆多中心治理理论的适用性及其局限性——基于政府、市场与社会多元共治的视角[M]. 学习论坛，2014，30（5）：50-53.

之间可以直接沟通，形成"去中心"的沟通网络。此时，政府仅作为治理规则的制定者和服务者。从方式来看，以协商代替命令，各个参与主体可以进行平等的沟通与交流。多中心治理思想要求改变传统的政府单中心行政管理和市场单中心的调节模式，以网络状管理结构处理当代复杂多变的社会公共事务，这有利于提高供给质量和供给效率[①]。④强调治理主体的自主性。参与治理的主体就某一公共问题，采用富有弹性、灵活多样的自组织行动解决问题，克服"搭便车"等机会主义行为。⑤强调服务于多中心治理的制度安排。为实现多中心治理，需确立集体行动规则，这包含了设计、运作、评价和变更的渐进过程[②]。

2.1.2 多元共治的内涵及其理论谱系

当前，人类社会发展呈现前所未有的复杂性，这对各国政府的公共治理能力提出了巨大挑战。当下公共治理面临的大量"跨界"（Cross-Sector）问题决定了人类行为、公共治理与社会秩序之间存在复杂的互动和演化关系[③]。多元共治是人类社会为应对复杂的社会治理局面，基于治理和多中心治理的思想发展起来的新的治理模式。也是基于实践需求的一种话语体系。在这一话语体系之下，除其自身所具有的内涵之外，还蕴含着当前治理理论发展的合作治理、网络治理及协同治理多个理论。

1. 多元共治的内涵

所谓多元共治就是对公共事务的治理打破政府公权力的垄断，实现政府、企业、社会组织、公民等多主体参与，形成各主体间平等协商，在行动上协同互动的治理模式。按照托马斯·库恩（Thomas kuhn）的范式理论来理解这一概念，包含三个方面的内容：首先是观念方面，其最大化目标是在公共事务中引入多元化、具有明确治理责任的治理主体，通过各主体间充分合作实现治理目标。其次是规则方面，为实现公共事务治理效用最大化的目标，应该将多元主体的治理行为及其责任纳入政策议程，通过制度和规则规范与约束各治理主体的行为。最后是具体实施方面，各类治理主体通过采取多种手段，在实际治理实践中落实观念和规则，使其产生实效。多元共治可以弥补其他治理方式的不足，但也存在容易

---

① 李平原. 浅析奥斯特罗姆多中心治理理论的适用性及其局限性——基于政府、市场与社会多元共治的视角[M]. 学习论坛，2014，30（5）：50-53.
② 王广福. 基于多中心理论的公共危机治理研究[D]. 长沙：湖南大学，2008：15.
③ 李文钊. 理解治理多样性：一种国家治理的新科学[J]. 北京行政学院学报，2016（6）：47-57.

产生"无中心"倾向、制度环境不具普遍性及实践层面操作有难度等问题，正因如此，多元共治需要广泛的理论谱系予以支持。

多元共治具有如下特征：①治理主体的多元化，即公共事务治理过程中，吸引政府、社会组织、企业及公民共同参与。②治理方式的合作化。在治理过程中，各治理主体建立伙伴关系，兼顾公共利益和市场原则，基于共同的价值认知开展协商合作。这样的合作是过程导向的共同行动、社会行动，合作的前提是行动者之间认同的合作收益，并体现各主体的自主性。③治理结构网络化。以开放的治理体系促使政府、市场、社会组织之间打破等级界限。政府将相应的权力和责任赋予其他参与治理的主体，形成资源共享、平等协商、彼此依赖、合作互利的伙伴关系。④治理成效的"共赢化"。兼顾不同治理主体的利益需求，保证利益主体各方的基本利益，以共赢的态度落实和谐互动关系，处理好各方主体的利益关系[1]。

2. 多元共治的理论谱系

（1）网络治理。

网络治理（又称网络化治理）缘起于世界各国的政府变革。当今世界的全球化与地方化浪潮促使政府朝向分权化和网络化实施变革。有学者指出，全球化有力地揭示了国家政治的限度[2]，使国家更倾向于向地方组织分权，并形成多中心、多层治理结构，进而呈现网络化特征。与此同时，以地方为中心作出决策并管理地方事务的地方化趋势明显，"倾向于多样性、异质性和差异化，反对强权、集中控制和一体化"[3]。公民社会兴起、非营利机构发展，以及信息技术的进步都促使网络化社会的形成，进而加速治理模式的网络化转变。

美国学者斯蒂芬·戈德史密斯（Stephen·Gold-Smith）和威廉·埃格斯（William·Eggers）最先从理论层面提出网络化治理的观点，他们认为基于等级关系的官僚制因面临各方面挑战而趋向终结，网络化治理将取而代之。他们认为网络化治理是指由政府、非营利组织及市场的营利组织广泛参与，由公私部门合作提供公共服务的治理模式[4]。我国公共管理学者陈振明也对网络治理进行界

---

[1] 李德周，杜婕."共赢"——一种全球化进程中的建设性思维方式[J]. 人文杂志，2002（5）：140-147.
[2] 戴维·赫尔德，安东尼·麦克格鲁，戴维·戈尔德布莱特，等. 全球大变革：全球化时代的政治、经济与文化[J]. 杨雪冬，周红云，陈家刚，等译. 北京：社会科学文献出版社，2001：1.
[3] 孙柏瑛. 当代地方治理——面向21世纪的挑战[J]. 北京：中国人民大学出版社，2004：53.
[4] STEPHEN G, WILLIAN E. Governing by Network: The New Shape of the Public Sector[M]. Washington DC: The Brookings Institution Press, 2004:5.

定，他认为网络治理是"政府部门为实现和增进公共利益，与营利部门、非营利部门或公民等行动主体相互依存、合作，分享公共权力，共同管理公共事务的过程"①。在网络治理过程中，政府部门需从统治转变为掌舵；非政府组织需从被动排斥转为主动参与。他认为网络治理具有突出的治理主体多元化、治理机制网络化、治理责任分散化等特征。

有学者整合分析国内外关于网络治理的研究成果后，概括出网络治理理论的主要观点：网络治理是与等级制和市场化不同的新型制度化框架，为实现公共价值政府、市场和市民社会相互依存而展开联合行动②。网络治理的运行需建立、运行和管理网络的一系列制度和内在逻辑，也需在网络中的参与者之间形成既互相依赖又相互独立的横向关系。网络治理对推进我国行政管理体制改革、培育社会组织、创新社会管理具有借鉴和启示作用。

网络治理的有效进行离不开多元主体间的合作，因此，网络治理强调在当代公共管理中必须建构合作机制，合作成为网络治理各主体组织间关系的基本特征。合作既是网络治理的运作机制，也是网络治理的理论规范，更为网络治理的进行提供机制保障③。

（2）合作治理。

合作治理是21世纪初在西方国家尤其是美国出现的旨在解决跨域跨部门公共问题的一种新的治理形式④。学者从不同角度对合作治理进行界定。有学者认为，合作治理是指为解决那些仅凭一个公共组织无法解决的公共问题而采取的制度安排，通过建立、督导、促进和监控两个或更多公共机构、营利组织或非营利组织共同努力、互惠互利，使之自愿参与跨部门组织合作，来解决公共问题⑤。Krik 等认为合作治理是为实现公共目的而形成的特殊的公共政策制定或管理过程与结构，在这一过程与结构中，各类主体建设性地参与跨部门、跨政府层级、跨公共、私人、公民团体等领域的公共行动⑥。随着西方合作治理理论的输入，我国学者也纷纷展开研究，认为合作治理是为实现公共目标，在公共、非营利及私人

---

① 陈振明. 公共管理学——一种不同于传统行政学的研究途径[M]. 北京：中国人民大学出版社，2003：82-86.
② 陈剩勇，于兰兰. 网络化治理：一种新的公共治理模式[J]. 政治学研究，2012（2）：108-119.
③ 孙健. 网络化治理：公共事务管理的新模式[J]. 学术界，2011（2）：55-60，257-259.
④ 蔡岚. 合作治理：现状和前景[J]. 武汉大学学报，2013，66（3）：41-46，128.
⑤ TANG S Y, MAZMANIAN D A. Understanding collaborative governance from the structure choice-politics IAD, and transaction cost perspectives[J]. Political science, 2010(3):25-37.
⑥ KRIK E, TINA N, STEPHEN B. An intergrative framework for collaborative governance[J]. Journal of public administration research and theory advance access, 2011(5): 1-30.

部门内部或跨部门之间进行权力与自由裁量权的共享[①]。也有学者认为合作治理是指国家与社会的合作管理或公共服务的合作供给。合作治理的实质是国家与社会在公共服务供给上的联合行动[②]。

分析各学者对合作治理的理解，可见其中的共同之处：合作治理强调集体的、平等的决策过程；合作治理应用协商的方法解决跨域、跨部门的公共问题；合作治理以共识为导向。这一理论尤其关注合作治理过程中各主体的协商过程、有效参与、联合行动的能力及其互益的互动[③]。总之，合作治理不仅强调以多元主体参与公共服务供给可以弥补政府不足、提高行政效率，还强调社会参与、政府回应、达成共识的价值理性[④]。

（3）协同治理。

"协同治理"概念最早是由美国哈佛大学教授约翰·多纳休（John Donahue）在2004年提出的[⑤]，2008年他又将"一种特定的公私协同方式称为'协同治理'"[⑥]。协同治理是西方国家特别是美国用来解决复杂公共问题的一种模式，这一实践的出现，主要是为了应对全球化过程中行政管理面临的组织边界模糊问题，此外，现代社会公共管理面临的挑战不断增大，单靠政府部门难以解决公共问题并满足公共需求。为应对以上问题，协同治理应运而生。

关于协同治理的内涵，学者们形成不同的观点。有学者主张政府主导协同，认为协同治理是"由政府发起的，由一个或多个政府部门与非政府部门参与的，以共识为导向，旨在制定或执行公共政策或管理公共事物或资产的治理安排"[⑦]。政府部门负责"设置和维护明确的基本合作规则、建立相互信任、促进对话"[⑧]。还有学者主张协同治理是一个协商过程[⑨]，认为协同治理是"一组包括公共、私人及

---

① 敬乂嘉. 合作治理：历史与现实的路径[J]. 南京社会科学，2015（5）：1-9.
② 唐文玉. 合作治理：权威型合作与民主型合作[J]. 武汉大学学报，2011，64（6）：60-65.
③ 蔡岚. 合作治理：现状和前景[J]. 武汉大学学报，2013，66（3）：41-46，128.
④ 王辉. 合作治理的中国适用性及限度[J]. 华中科技大学学报，2014，28（6）：11-20.
⑤ JOHN D. On Collaborative Governance[M]. Cambridge: Harvard University, 2004:1.
⑥ JOHN D, RICHARD J Z. Public-Private Collaboration[M]. UK: Oxford University Press, 2008: 369.
⑦ ANSELL C, GASH A. Collaborative governance in theory and practice[J]. Journal of public administration research and theory, 2008, 18(4): 543-571.
⑧ LASKER R D, ELISA S W. Broadening participation in community problem-solving: A multidisciplinary model to support collaborative practice and research[J]. Journal of urban health: Bulletin of the New York academy of medicine, 2003, 80(1): 14-47.
⑨ BOUWEN R, TAILLIEU T. Multi-party collaboration as social learning for interdependence: Developing relational knowing for sustainable natural resource management[J]. Journal of community & applied Social psychology, 2004, 14(3): 137-153.

非营利部门的相互依存的利益相关者,为了解决复杂的、涉及多面的公共难题而协同工作并制定相关政策的过程和制度"[1]。另有一些学者则提出协同治理是多主体参与的过程的观点,认为协同治理是参与主体间形成多伙伴的关系及相应的制度安排的过程。

综合学者们的研究发现,协同治理有三个特征:首先,其目标是解决那些仅凭政府或其他单个组织无法解决的公共难题,通过各类主体共同参与协商达成共识,来制定和执行政策。其次,其最突出的特点是以共识为导向。最后,其决策过程是集体的、平等的[2]。综合来看,协同治理在继承治理理论要求治理主体多元化的思想的同时,强调共同行动的集体规则的制定,以确保参与主体间的协同性。

2.2 多元共治的治理结构

治理结构是指在治理过程中政府、市场与民间组织等主体间呈现的制度化的权力安排和互动模式,是价值、制度与行为的一种外在表现形式,而推动治理结构变革的则是科技、观念、经济和制度[3]。价值是治理体系的基础,决定治理活动的导向;制度是治理体系的规范,用以约束治理主体的行为;行为是治理主体在价值引导下、在规范的约束下呈现的具体行动,是治理目标实现的路径。在治理活动中,治理主体是价值、制度和行为的承载者。

2.2.1 治理结构的主体

对治理结构主体的划分遵循社会学理论,按照组织的功能不同,现代社会包括三类组织,即政府、市场组织和社会组织(非政府组织或非营利组织)。

(1) 政府。政府实际上是国家代理组织和官吏的总称,是指国家表示意志、发布命令、进行统治和社会管理的机关。广义的政府是指行使国家权力的立法、行政和司法机关,狭义的政府是指国家权力的执行机关,即国家行政机关[4]。一般认为,政府是通过政治过程表达出来的人民意愿的集中代表[5],其职能是运用公共

---

[1] TAEHYON C. Information sharing, deliberation, and collective decision-making: A computational model of collaborative governance[D]. Los Angeles: University of Southern California, 2011:4.
[2] 蔡岚. 协同治理: 复杂公共问题的解决之道[J]. 暨南学报(哲学社会科学版), 2015, 37 (2): 110-118.
[3] 王臻荣. 治理结构的演变: 政府、市场与民间组织的主体间关系分析[J]. 中国行政管理, 2014 (11): 56-59.
[4] 崔运武. 公共事业管理概论[M]. 北京: 高等教育出版社, 2002: 71.
[5] 欧文·休斯. 公共管理导论[M]. 彭和平, 周明德, 金竹青, 译. 北京: 中国人民大学出版社, 2001: 97.

权力对社会公共事务进行管理。

尽管多元共治强调多元主体的参与,但在公共治理中发挥主导作用的仍旧是政府,因此政府是公共治理最重要的主体。世界银行于1992年指出,善治的基础是政府由"划桨"变为"掌舵",通过建立制度化的互动平台,促进社会力量参与。另外,在很多研究中将政府作为宏观的整体的机构进行研究,但在公共事务治理的实践中,表现的却是不同部门、不同地域乃至不同层级政府的不同作为,因此,本书倾向于将政府具体化,分析不同语境下具体政府机构的行为。已有的研究表明,政府对公共事务的治理存在高成本、低效率及政策执行无效等"政府失灵"问题,仅凭政府自身无法克服这些困难。

(2)市场组织。关于市场的概念,不同的理论从各自角度出发,有不同的理解。最早对市场予以界定的是亚当·斯密(Adam Smith),他认为市场就是"自由放任"秩序。新古典经济学认为市场是调节社会资源配置的"价格机制",这一概念被广泛接受。市场组织是遵循价格机制向社会提供产品的组织,是私人拥有的以商业利润为导向的组织的集合[①]。企业为社会提供产品与服务,并以价格机制为基础组织自愿交换。但是,市场作为以利润为导向的资源配置方式,存在因逐利而造成公共物品供给不足及负外部性等"市场失灵"问题,因此,需要政府予以引导和矫正。治理理论强调市场组织也可以作为治理主体,通过与政府合作促进社会利益最大化。

(3)社会组织。2006年通过的《中共中央关于构建社会主义和谐社会若干重大问题的决定》提出"健全社会组织,增强服务社会功能"。党的十七大报告再次提出"发挥社会组织在扩大群众参与、反映群众诉求方面的积极作用,增强社会自治功能"。至此,我国开始正式使用社会组织指称那些处于政府和市场之外的组织类型。在世界上,这类组织有多种称谓,如"民间组织""非政府组织""非营利组织""慈善部门"等。我国学者王名认为社会组织泛指在一个社会里由各个不同社会阶层的公民自发成立的,在一定程度上具有非营利性、非政府性和社会性特征的各种组织形式及其网络形态[②]。治理理论认为,这类组织可以有效弥补公共领域"政府失灵"和"市场失灵"的缺陷,因此可以在治理中发挥重要作用。当然,也有学者研究认为社会组织也存在慈善供给不足、慈善的特殊主义、慈善组织有家长制作风及慈善的业余主义等"志愿失灵"问题,因此需要政府部门介

[①] 阿奇·卡罗尔,安·巴克霍尔茨. 企业与社会:伦理与利益相关者管理[M]. 黄煜平,等译. 5版. 北京:机械工业出版社,2004:3.

[②] 王名. 社会组织概论[M]. 北京:中国社会出版社,2010:2.

入，弥补其缺陷。此外，在研究中还要关注我国体育社会组织身份上的差异。由于在宏观环境方面我国市民社会尚不成熟，"很多非营利组织或由政府主导组建，或经政府扶持，在来源或者出身上存在差异"[①]。我国体育社会组织的身份差异或多或少会影响这类组织与政府及企业的关系。

2.2.2 治理结构的演变

治理结构是治理主体之间呈现的制度化的权力安排和互动模式。依据治理主体（政府、市场组织和社会组织）之间的权力关系，人类历史上出现的治理结构分为"塔式""链式""环式""网式"[②]。

在塔式治理结构下，政府拥有绝对权威，地位高于市场组织和社会组织，并对两类组织实施统治，三者在权力地位关系上形成塔状结构。链式治理结构是指政府失去权威，与市场组织和社会组织之间形成类似"丛林时代"的状态。环式治理结构是指三者之间加强合作，发挥治理的功能，但政府依旧是核心，扮演协调和解决问题的角色。在环式治理结构下，以责任性、回应性为价值追求，追求正式制度与非正式制度一致的制度结构，采用协调为主的行为方式。网式治理结构可以用来应对社会分工扩大的现代社会复杂情境，适应从国际到国内、从中央到地方多层级跨地域政府与市场组织及社会组织之间的复杂关系，在这一结构下，秉持和谐、平等的价值取向，发挥正式制度和非正式制度的作用，采用自治与合作相结合的行为方式。在网式治理结构下，各主体间的合作程度最高，对政府的依赖程度最低。从我国体育社会组织的治理结构来看，应该属于塔式与环式并存的状态，而网式治理结构则是本书基于多元共治视角培育发展体育社会组织的目标模式。

2.3 多元共治理论对体育社会组织培育研究的适用性

2.3.1 我国体育社会组织培育研究的局限及其突破

1. 我国体育社会组织培育研究的局限

在我国体育社会组织发展进程中，改革一直是主旋律，因此学者们更多关注

---

① 郭小聪，聂勇浩. 服务购买中的政府——非营利组织关系：分析视角及研究方向[J]. 中山大学学报，2013，53（4）：155-162.
② 王臻荣. 治理结构的演变：政府、市场与民间组织的主体间关系分析[J]. 中国行政管理，2014（11）：56-59.

体育社会组织的改革议题。学者们对体育社会组织改革的分析大多运用国家与社会、法团主义、合法性、新公共管理及公共服务等理论，尽管已关注体育社会组织力量孱弱、独立性不强的问题，但多是在改革议题的研究中，作为一个问题予以阐述，单独将"体育社会组织培育"作为议题进行研究的仍不多见。检索中国知网，以"篇名"方式检索"体育"并含"组织"和"培育"，检索中国知网2000—2020年的文献，只搜索到30余篇文献，足见在体育社会组织发展中，"体育社会组织培育"议题并未引起学界足够重视。

归纳以上研究，从理论视角看，有学者并未明确研究的视角，仅就培育实践展开研究，分析培育的各要素及困境，提出培育措施[1][2][3]。有学者从社会治理的视角将体育社会组织作为社会治理的主体之一，分析培育这类组织的必要性及培育中存在的问题[4][5][6]。此外，还有学者基于文化变迁[7]、降序信任[8]、公共服务[9]视角展开研究。从培育对象上来看，学者们最为关注的是民间体育社会组织，认为在社会转型背景下，民间体育组织力量薄弱，发展面临困境，并提出相应的培育路径[10]。此外，还有学者关注青少年体育社会组织的培育问题[11]。从培育主体来看，所有研究均关注政府主体，将政府作为培育体育社会组织的唯一主体，研究政府在体制改革、政策发布、购买服务等方面如何扶持和培育体育社会组织。

反思我国学者对体育社会组织培育问题的研究，其局限性体现在以下方面：

（1）除个别研究外，学者大多将培育作为发展体育社会组织的对策进行研究，而非就培育本身进行研究。也就是说尽管文章题目涉及培育，但其核心议题并非

---

[1] 张向群，杨亚红. 欠发达地区自发性体育组织的培育与发展——以广东省粤北、粤西地区为例[J]. 成都体育学院学报，2009（12）：26-28.
[2] 孟欢欢，李健，张伟. 政府培育社会体育组织的实践与反思——以上海为例[J]. 沈阳体育学院学报，2018，37（2）：16-22.
[3] 万文博，王政，蔡朋龙，等. 江苏省政府培育体育社会组织的实践及路径优化[J]. 体育学刊，2019，26（5）：56-63.
[4] 孙哲，戴红磊，于文谦. 我国体育社会组织培育路径研究——基于社会治理的视角[J]. 西安体育学院学报，2018（1）：43-47.
[5] 胡云霞. 创新社会治理视域下社会体育服务组织的培育与发展[J]. 体育成人教育学刊，2019，35（3）：59-61.
[6] 张伟，王彤. 创新社会治理视域下社会体育服务组织的培育与发展[J]. 广州体育学院学报，2018，38（3）：1-5.
[7] 张宏. 政府与体育社会组织：从主管、监管到合作、培育——从文化变迁的视角[J]. 广州体育学院学报，2017，37（5）：1-9.
[8] 王立杰，陈家起. 降序信任：体育社会组织培育的路径探索[J]. 山东体育学院学报，2016，32（5）：25-30.
[9] 杜晓旭. 公共体育服务视角下我国社会体育组织培育及管理研究[J]. 湖北体育科技，2018，37（3）：193-197.
[10] 杨志亭，孙建华，张铁民. 社会转型期我国草根体育组织发展的困境与培育路径[J]. 沈阳体育学院学报，2016，35（2）：66-70.
[11] 舒宗礼. 全民健身国家战略背景下社区青少年体育社会组织的培育与发展[J]. 体育科学，2016，36（6）：3-10.

是培育，而是社会组织发展。

（2）从研究视角来看，尽管已有研究采用了社会治理、文化变迁、降序信任、公共服务等理论，但相对来说理论仍较为滞后，未能将体育社会组织置于更广阔的环境中，未关注契合国家治理体系现代化背景的社会组织培育理论进展，因此理论工具的视域欠宽广。

（3）从培育对象来看，学者大多关注民间体育社会组织培育需求，针对这类组织开展研究，未能关注体育社会组织的多种形态，尤其是在当前官办体育社会组织脱钩改革的背景下，脱离政府部门的体育社会组织经历由依附到独立的发展过程，同样存在发展瓶颈和困难，也同样面临培育问题。因此，培育研究亟待将此类组织纳入研究范畴。

（4）从培育主体来看，已有成果均仅将政府作为培育体育社会组织的主体加以研究，主体范围的确定有局限性，未能关注在新时代公共事务治理中，除政府外，还包括企业、社会组织乃至公民个人等多元主体。

2. 我国体育社会组织培育研究局限的突破

一直以来，我国体育社会组织的研究都是承袭社会组织研究的理路进行的，但滞后于社会组织的研究，体育社会组织培育议题也如此。对体育社会组织研究局限的突破，需要我们对社会组织培育研究的学术成果加以挖掘和借鉴。

在我国社会组织研究中，国家与社会一直是认同度较高、运用最为广泛的理论视角，此后发展的治理理论对此有所扩展。就社会组织培育议题来看，涉及培育的主体、对象、方式等要素，其中，最为关键的是培育主体。有学者认为，对社会组织培育的研究有"社会中心主义、国家中心主义、市场中心主义和共治性治理理论"，而且"研究体现递进趋势，早期多聚焦于'国家—社会—市场'的结构分析，近年来愈发强调多元主体的互动过程与社会自主的共治取向"[1]。

我国社会组织研究最初聚焦于市民社会理论，采用的是国家与社会的二分法，强调国家和社会非此即彼、此强彼弱的力量格局，格外关注社会是否形成独立的、自治的结构性领域[2]。因此，社会组织培育成为国家与社会格局中公民社会研究的重要论域，学者们按社会组织是否具有官方背景将其划分为官办、半官

---

[1] 王向民，李小艺，肖越. 当前中国的社会组织培育发展研究：从结构分析到过程互动[J]. 华东师范大学学报（哲学社会科学版），2018（6）：108-120，175-176.

[2] 邓正来，景跃进. 建构中国的市民社会[J]. 中国社会科学季刊，1992（1）：1-15.

办和民间的三种类型[①]。这种划分深刻影响了我国社会组织研究，因此，在近20年的研究中，多数学者采用这样的类型学划分方法，展开针对不同类型社会组织发展的研究。

2000年以后，随着我国市场经济的不断发展，政府与各类社会主体的互动实践呈现丰富的样态，学界的研究也从以往的宏观分析进入较为中观的组织层面，进而呈现了大量关注不同类型社会组织发展经验及其与政府之间关系的研究，如关于行业协会发展[②]、公民社会成长[③]及一些地方商会[④]发展的研究，这类研究大多关注社会组织的自主性及其内部运作。在国家与社会框架内，法团主义比较受中国学者关注，他们对法团主义理论进行研究[⑤]并运用这一理论对国家与社会的关系[⑥⑦]、工会组织[⑧]等展开研究。此后，一些学者开始研究政府治理社会组织的方式，具有代表性的观点包括：对政府"分类控制"模式及其"行政吸纳社会"逻辑的分析[⑨]；关于国家与社会的"行政吸纳服务"观点[⑩]；对地方政府的"嵌入型监管"政策的研究[⑪]；提出社会组织治理的"分类治理"模式等[⑫]。

对市场力量的关注源自新公共管理和公共服务理论的推动。新公共服务理论主张采用市场机制，由社会组织供给公共服务。依此产生了依托市场机制发展社会组织的观点，该观点认为通过引入市场机制，促使包括政府、社会组织乃至企业各类主体参与公共服务供给竞争，这有利于通过竞争机制激发社会组织活力，提高效率[⑬]。有的学者提出社会组织与政府通过委托代理等市场机制提供公

---

① 王颖，折晓叶，孙炳耀. 社会中间层——改革与中国的社团组织[M]. 北京：中国发展出版社，1993：70-75.
② 贾西津，沈恒超，胡文安，等. 转型时期的行业协会——角色、功能与管理体制[M]. 北京：社会科学文献出版社，2004：3-20.
③ 朱健刚. 草根NGO与中国公民社会的成长[J]. 开放时代，2004（6）：36-47.
④ 郁建兴，江华，周俊. 在参与中成长的中国公民社会：基于浙江温州商会的研究[M]. 杭州：浙江大学出版社，2008：2-30.
⑤ 张静. 法团主义[M]. 北京：中国社会科学出版社，1998：1-10.
⑥ 顾昕，王旭：从国家主义到法团主义：中国市场转型过程中国家与专业团体关系的演变[J]. 社会学研究，2005（2）：155-175，245.
⑦ 张钟汝，范明林，王拓涵. 国家法团主义视域下政府与非政府组织的互动关系研究[J]. 社会，2009（4）：167-194，228.
⑧ 王向民. 工人成熟与社会法团主义：中国工会的转型研究[J]. 经济社会体制比较，2008（4）：151-156.
⑨ 康晓光，韩恒. 行政吸纳社会——当前中国大陆国家与社会关系再研究[J]. 中国社会科学（英文版），2007（2）：116-128.
⑩ 唐文玉. 行政吸纳服务——中国大陆国家与社会关系的一种新诠释[J]. 公共管理学报，2010（1）：13-19，123-124.
⑪ 刘鹏. 从分类控制走向嵌入型监管：地方政府社会组织管理政策创新[J]. 中国人民大学学报，2011（5）：91-99.
⑫ 王向民. 分类治理与体制扩容：当前中国的社会组织治理[J]. 华东师范大学学报（哲学社会科学版），2014（5）：87-96，180-181.
⑬ 宋世明. 工业化国家公共服务市场化对中国行政改革的启示[J]. 政治学研究，2000（2）：46-53.

共服务[①]；也有学者提出利用契约关系由社会组织提供公共服务[②]。在市场机制下，政府向社会组织购买服务也得到了比较充分的研究。这些都为社会组织培育市场机制的运用提供了借鉴。

随着治理理论被引入我国，公共管理领域治理实践得以推广。党的十八届三中全会提出的全面深化改革的总目标，就是完善和发展中国特色社会主义制度、推进国家治理体系和治理能力现代化。这加速了政府、社会组织与市场组织三类主体彼此互动的进程。有学者指出"共治性治理几乎成为当前中国社会组织培育发展的公共政策与理论研究的主旋律"[③]。基于这一框架，有学者研究政府培育社会组织的模式，提出了"以政府为主导的直接培育模式和以政府赋权支持型社会组织间接培育模式"[④]，关注政府购买公共服务过程中市场机制的运用及其促使社会组织能力发展的作用[⑤]。

社会科学领域对社会组织培育发展的研究，为我们突破体育社会组织培育研究的局限提供了借鉴，使我们认识到多元共治已是社会组织培育实践的主旋律。

2.3.2 多元共治理论的适用性

1. 适用性的理论阐释

（1）体育社会组织培育的"公共事务"性质。

如前所述，多元共治适用于对社会公共事务治理的分析。这一理论是否适用于体育社会组织培育，主要取决于体育社会组织培育是否属于公共事务。

公共事务是相对于私人事务而言的，是指那些涉及社会公众整体生活质量和共同利益的社会事务[⑥]，其核心是生产和供给公共服务或提供公共产品的活动过程。其中，公共产品是"用于满足社会公共消费需要的物品或劳务"[⑦]。公共产

---

① 陈天祥，郑佳斯. 双重委托代理下的政社关系：政府购买社会服务的新解释框架[J]. 公共管理学报，2016（3）：36-48，154.

② 乐园. 公共服务购买：政府与民间组织的契约合作模式——以上海打浦桥社区文化服务中心为例[J]. 中国非营利评论，2008（1）：143-160.

③ 王向民，李小艺，肖越. 当前中国的社会组织培育发展研究：从结构分析到过程互动[J]. 华东师范大学学报（哲学社会科学版），2018（6）：108-120，175-176.

④ 郁建兴，滕红燕. 政府培育社会组织的模式选择：一个分析框架[J]. 政治学研究，2018（6）：42-52，127.

⑤ 叶托. 资源依赖、关系合同与组织能力——政府购买公共服务中的社会组织发展研究[J]. 行政论坛，2019（6）：61-69.

⑥ 周义程. 公共利益、公共事务和公共事业的概念界说[J]. 南京社会科学，2007（1）：77-82.

⑦ 崔运武. 公共事业管理[M]. 北京：高等教育出版社，2002：8.

品一般具有消费的非竞争性和供给的非排他性。根据非竞争性和非排他性的程度，公共产品又可以划分为纯公共产品和准公共产品。依此，公共事务相应具备消费的非竞争和非排他性、所有权的非垄断性、私人无法解决性、影响广泛性、内容丰富性，既包括政治方面的事务，也包括经济和社会生活、伦理道德等方面的事务[①]。

体育社会组织培育是指，政府、社会乃至企业等为提高体育社会组织的组织能力，采用制定政策、提供资金与物质资源、培训人员等多种手段，为体育社会组织发展营造环境、创造条件，促使体育社会组织健康发展的过程。体育社会组织是以满足大众体育方面的需求（如娱乐、健身、身体训练等）为宗旨的，独立于政府部门之外，不以营利为目的的公益性组织，具有组织性、公共性、自治性、非营利性、自愿性等特点。体育社会组织本身是服务于大众健身需求的公益性组织，为社会公众提供全民健身等公共体育产品和服务。在大众体育需求广泛，而体育社会组织数量不足、能力普遍较弱的情况下，培育体育社会组织成为影响社会公共体育利益的一项事务。体育社会组织培育符合公共产品消费的非竞争性和供给的非排他性特点，属于准公共产品。通过培育体育社会组织，增加体育社会组织数量，提升其能力，进而增加大众体育公共服务供给，造福社会。因此，本书认为体育社会组织培育应该属于公共事务。

（2）多元共治理论的优势。

多元共治作为我国社会组织发展、培育公民社会进程中，继"国家中心主义""社会中心主义""市场中心主义"后新出现的理论，无疑具有适应当代复杂社会需求的优势，对于我国社会发展中出现的诸多公共问题更具解释力和理论价值。

首先，多元共治理论更适应当前社会复杂的社会管理要求。20 世纪 80 年代后，我国经过改革开放，社会开始进入快速转型时期，伴随社会转型而来的是社会利益结构与利益关系因重组而呈现分化特征，相应地，社会利益主体和利益协调机制趋于多元化。各类社会事务牵涉各类利益群体，社会治理呈现出前所未有的复杂度。伴随这一趋势，非政府治理主体崛起。多元共治理论关注多元主体的力量，并将其纳入社会事务治理之中，主张利用多元主体的合作、协同共同解决社会问题，弥补"单中心"治理模式的不足。体育社会组织培育同样也涉及打破政府"单中心"垄断，引入社会、市场乃至公民个人等共同参与的问题；涉及如

---

① 李绥州. 应用行政管理[M]. 广州：暨南大学出版社，2000：4-7.

何调配资源支持体育社会组织发展问题；涉及促进体育社会组织能力提升的问题等。只有采用多元共治理论，才可以给出具有说服力的解释，并提出富有成效的解决方案。

其次，多元共治更能体现体育社会组织培育决策的民主性。在统治视角下，体育社会组织培育的责任主体仅仅是政府，只需由政府部门作出相应决策。由于政府职能转变和管理体制改革的滞后性、政府官员行为的"自利"性等的局限，部分政府部门培育体育社会组织产生了"利益输送""不平等竞争"等弊端，因此得到培育的体育社会组织数量有限，大量体育社会组织被置于培育范围之外，这影响了体育社会组织培育的普及性和平等性。多元共治理论主张引入多元主体参与培育，多元主体相互之间形成竞争合作关系，促使信息在多元主体间流动，使决策中心下移，汲取基层的意见及建议，提高体育社会组织培育决策的民主性。

最后，多元共治有利于适应当今信息化社会的要求。随着以计算机、互联网为载体的现代信息技术的迅猛发展，信息技术在深刻改变社会生产、生活方式的同时，也给社会管理带来巨大挑战。从世界各国来看，信息技术深刻改变了各国的产业模式和运营模式，相应的消费结构和思维方式也发生深刻改变。信息技术对城市地区，甚至对国家发展进程的影响越来越深[1]。近年来，我国信息技术发展迅速，人工智能、工业互联网、5G、机器人等技术赶超世界各国。信息技术的发展必将促使我国社会管理发生改革。传统社会信息流通渠道有限，管理者依靠其垄断地位独占信息，实施控制导向的管理模式。现代信息技术的发展使信息在各个层面流动成为可能，进而促使传统的控制模式向平等合作的管理模式转变，多元、平等、开放、合作成为适应信息化社会新型管理模式的基本价值，也促使多方主体共同参与。因此，多元共治是适应信息化社会发展要求的模式。

2. 适用性的实践基础

（1）我国社会实施多元共治的条件逐步具备。

从我国社会发展的历史来看，受历史影响，形成"强政府，弱社会"的治理格局，我国的公民社会发育程度比较低。伴随着我国"总体性"社会向"个体化"社会转变，市场经济下价格机制和市场交换法则盛行，促使人们的权利意识、参与意识、平等意识觉醒，参与社会活动、自由交往、表达个人意志等权利意识增

---

[1] 何磊. 新一代信息技术产业发展新趋势：数字、智能、跨界、融合[EB/OL].（2019-07-29）[2020-02-07]. http://www.sohu.com/a/330149807_100017659.

强。随着国家政治氛围趋于宽松,各种非政治性社会团体得到发展的机会[①]。与此同时,全球的"结社革命"思潮、公共行政改革、政府治理等深刻影响我国改革实践,使全社会都意识到社会组织在完善社会治理、改善公共服务方面的重要性。可以说,当代社会无论是在理念上、社会结构上还是在组织上,都已基本具备实施多元共治的条件。

（2）多元共治的实践已在公共事务治理中成为现实。

近年来,随着人民对美好生活需求的不断增长,政府供给公共服务、开展社会管理的任务日趋艰巨。政府部门也认识到,在当今社会"价值观多元、利益诉求多元、行为模式多元"的背景下,单靠政府部门实施管理、提供公共服务已经无法适应人们的需求。基于这样的认识,各地政府已经开始了多元共治的实践。杭州市[②]、绍兴市诸暨市枫桥镇[③]、深圳市[④]等多地开展基层社会治理的多元共治探索。从体育领域来看,多元共治的实践主要集中于公共体育服务供给方面,通过政府购买公共服务的方式,促使政府、社会组织和市场组织主体共同参与公共体育服务供给。学者们研究了常州[⑤]、武汉[⑥]、上海及广州等[⑦]地的情况,总体来看,在公共体育服务方面,尽管已经通过政府购买公共服务的方式吸引多元主体参与,但其操作过程还是主要由政府主导,距离真正的多元共治还有差距。但无论如何,这在一定程度上表明各地体育管理部门已经认识到公共体育供给中多元主体的价值。这无疑为体育社会组织培育的多元共治提供了认识基础和实践基础。

[①] 吴锦良. 政府改革与第三部门发展[M]. 北京：中国社会科学出版社,2001：86-91.
[②] 杨逢银. 新时代共建共治共享社会治理格局的实践逻辑研究——基于新世纪以来杭州城市社会治理先行经验的分析[J]. 浙江学刊,2018（5）：29-34.
[③] 曾哲,周泽中. 多元主体联动合作的社会共治——以"枫桥经验"之基层治理实践为切入点[J]. 求实,2018（5）：41-51,110-111.
[④] 刘波,方奕华,彭瑾. "多元共治"社区治理中的网络结构、关系质量与治理效果——以深圳市龙岗区为例[J]. 管理评论,2019,31（9）：278-290.
[⑤] 谢正阳,汤际澜,刘红建. 政府购买体育公共服务模式的实践与探索——以常州为研究对象[J]. 成都体育学院学报,2015,41（5）：29-33,54.
[⑥] 李震,陈元欣,刘倩. 政府购买公共体育服务研究——以武汉市政府购买游泳服务为个案[J]. 武汉体育学院学报,2014,48（7）：36-40.
[⑦] 王占坤. 政府购买公共体育服务的地方实践、问题及化解策略[J]. 武汉体育学院学报,2015,49（2）：12-17.

第 3 章
体育社会组织治理模式变迁及其逻辑机理

体育社会组织培育是在我国国家治理体系与治理能力现代化背景下生发的显性命题，但体育社会组织的发展源于我国体育事业的建基。因此，尽管体育社会组织培育问题是当今时代的议题，但要分析体育社会组织的来龙去脉，还需从历史的角度探寻我国体育社会组织治理模式的脉络，辨析这一脉络中蕴含的发展逻辑。这有利于我们认清现实的状态，乃至未来的走向。本章从治理的角度，考察我国体育社会组织管理的历时性演变历程，结合我国不同时期经济、政治与社会环境的变化，剖析体育社会组织治理模式的阶段性特征，发掘体育社会组织治理模式演进所蕴含的内在逻辑，以便为新时代体育社会组织培育提供镜鉴。

3.1 分析的视角与框架

体育社会组织是我国体育治理的重要主体，在中国体育事业的发展与改革历程中具有重要地位。这一历程引起学界的关注并对此展开研究。学者们从不同的理论视角展开分析，将政府与体育社会组织关系的改革视为文化变迁的过程。有学者从社会治理视角，分析改革开放以来体育社团治理角色的变迁过程，认为存在"角色不清、角色距离和舞台缺失"的问题[1]。有学者从组织场域角度，分析政府、社会及体育单项协会自身推动变迁的动力[2]。更多学者从制度变迁角度，梳理体育社会组织变迁历程，分析其变迁存在的问题[3][4]。本书在多元共治理论视角下，引进新制度主义理论构建分析框架。

体育社会组织治理模式从本质上来说是国家对体育社会组织进行治理的制度，

---

[1] 范冬云，罗亮，王旭. 改革开放 40 年我国体育社团角色变迁——基于社会治理视角[J]. 体育学刊，2019，26（6）：77-81.

[2] 范美丽，蔡里蒙. 组织场域视角下单项运动协会变迁的动力与路径分析[J]. 首都体育学院学报，2017，29（4）：363-366.

[3] 马志和，顾晨光，高学民，等. 我国单项运动协会制度变迁的目标模式与政策措施[J]. 上海体育学院学报，2008，32（5）：23-27.

[4] 冯欣欣. 单项运动协会制度变迁的"锁定效应"研究[J]. 沈阳体育学院学报，2017，36（3）：29-33.

因此，梳理其治理模式变迁即梳理其制度变迁。西方学者研究制度变迁的主要理论工具是新制度主义理论。这一理论在发展过程中形成了历史制度主义、社会学制度主义、理性选择制度主义三个范式。

历史制度主义认为，历史发展中形成的制度具有稳定性和持续性特征，不会因环境变化而轻易改变，且对以后的政策选择产生约束作用[1]，促成变迁的动力依赖于外部因素的冲击。这一观点比较关注制度变迁中的路径依赖，而忽视了行动者在变迁过程中起到的作用[2]。社会学新制度主义认为制度变迁是由"适当性逻辑"而不是"工具性逻辑"引发的[3]。新的行为规范和组织形态一旦被人们视为"理所当然"并接受，便获得合法性，进而促使原有制度发生转型（即变迁）。社会学新制度主义强调外部环境的压力而忽视内在因素的作用。理性选择制度主义认为制度的形成是由于能解决集体行动的困境，并且让个体能从交易中获益[4]。理性选择制度主义与前两个分析范式不同，尤其强调个人的作用，认为如果个人判断制度变迁能使收益大于成本，个人就会为改变制度作出努力。基于对各个范式长处和不足的分析，学者Mahoney等将制度变迁的原因变量分为结构、制度和行为者等类型[5]。结构途径主要用于分析外部宏观因素；制度处于结构和行为者之间，用于分析政治体制之下的组织与规则因素；行为者属于变迁主体，包括社会组织、领导者的自发力量。这一观点整合了三个范式的主要观点，因为是整合模型，所以弥补了各个范式的不足。

3.2 中华人民共和国成立以来体育社会组织治理模式的变迁

一直以来，体育社会组织都是我国发展体育事业的重要组织载体，在我国体

---

[1] THELEN K. How institutions evolve: insights from comparative-historical analysis[C]// MAHONEY J, DIETRICH R. Comparative historical analysis in the social sciences. NewYork: Cambridge University Press, 2003: 218.

[2] MAHONEY J. RICHARD S. Rethingking agency and structure in the study of regime changes[J]. Studies in comparative international development, 1999, 34(2): 3-32.

[3] HALL P A. ROSEMARY C R, TAYLOR. Political science and the three new institutionalisms[J]. Political studies, 1996, 44(4): 936-957.

[4] MOE, TERRY M. Political institutions: The neglected side of the story[J]. Journal of law, economics, and organization, 1990(6): 213-253.

[5] MAHONEY J, RICHARD S. Rethingking agency and structure in the study of regime changes studies[J]. Comparative international development, 1999, 34(2):3-32.

育事业发展中扮演着重要角色，角色的主要基调是"依附"。体育管理部门也在国家改革的大势之下，逐步探索和改革体育社会组织的管理方式，在不同时期形成不同的治理模式。所谓治理模式，是指"不同治理主体，根据环境特征、自身及客体需求等因素，采用一定机制来对相关对象进行治理的特定形式"[1]。因此，体育社会组织治理模式，是指政府、市场组织、社会组织等主体，根据国家关于社会组织和体育发展的制度环境条件、自身条件及各类体育社会组织需求等，采用某种工具、手段和机制，对各级各类体育社会组织实施治理的特定形式，具体包括治理主体、治理客体、治理环境、治理工具与治理机制五个要素。由于我国总体的治理格局一直呈现"强政府、弱社会"的特点，所以多年来的改革主要在治理工具、治理主体与机制方面实施变革。因此，本书主要从治理主体和治理工具维度进行分析。

治理工具又称政策工具或政府工具[2]。关于治理工具的内涵，学者们有不同的理解。欧文·休斯（Owen Hughes）认为治理工具是"政府的行为方式，以及通过某种途径用以调节政府行为的机制"[3]。莱斯特·萨拉蒙（Lester Salamon）则认为"政府治理工具是一种明确的方法，通过这种方法集体行动得以组织，公共问题得以解决"[4]。这里采用我国学者的观点，即政府治理工具又称政府治理方式，主要是指政府实现其管理职能的手段[5]。

关于治理工具的分类，学者们有不同的划分方法。荷兰经济学家科臣最早试图对治理工具进行分类，整理出64种一般化工具。美国政治学家罗威等总体归纳为规制性和非规制性工具，萨拉蒙在此基础上增加了开支性工具和非开支性工具[6]。加拿大公共政策学者霍莱特和拉梅什引入治理工具强制性程度标准，将治理工具划分为自愿性工具（非强制性工具）、混合性工具和强制性工具三类（表3-1）[7]，与其他分类方法相比，他们的分类框架更具解释力。

---

[1] 汪伟全. 区域合作中地方利益冲突的治理模式：比较与启示[J]. 政治学研究，2012（2）：98-107.

[2] JAY M, SHAFRITZ E D. International Ency clopedia of Public Policy and Administration[M]. Colorado: Westview Press, 1998: 997-998.

[3] 欧文·休斯. 公共管理导论[M]. 彭和平，周明德，金竹青，译. 北京：中国人民大学出版社，2001：99.

[4] LESTER M, SALAMON. Tools of Government: A Guide to the New Governance[M]. New York: Oxford University Press, 2002: 19.

[5] 毛寿龙. 公共行政学[M]. 北京：九州出版社，2003：57.

[6] 陈振明，等. 政府工具导论[M]. 北京：北京大学出版社，2009：8.

[7] MICHAEL H, RAMESH M. Studying Public Policy: Policy Cycles and Policy Subsystems[M]. Oxford: Oxford University Press, 1995: 82.

表 3-1　政府介入层次（低—高）

自愿性工具	混合性工具	强迫性工具
家庭与社群	资讯与劝告	管制
自愿性组织	公营事业	补助
私有市场	征税与使用者付款	直接提供服务

从治理主体和治理工具维度考察我国体育社会组织治理的变迁，从治理主体角度主要分析治理主体的多元化程度，即是单中心还是多中心；从治理工具角度主要分析治理工具综合运用的程度，即是单纯运用强迫性工具，还是综合运用混合性工具和自愿性工具。

3.2.1　"单中心、强迫性工具"治理阶段（1949—1992 年）

1. 体育社会组织的发展状况

中华人民共和国成立至改革开放初期，我国社会呈现出总体性社会结构特征，全社会都处于政府高度组织化管理体系之下。从体育社会组织来看，形成官办体育社团一统天下的局面。具体的发展阶段可划分为 1949—1977 年的初创与停滞阶段、1978—1992 年的恢复发展阶段。

（1）初创与停滞阶段。

中华人民共和国成立初期，中央人民政府将发展体育事业放到国家建设的议程中。1949 年通过的《中国人民政治协商会议共同纲领》明确"提倡国民体育"。1952 年毛泽东同志提出"发展体育运动、增强人民体质"倡议，这为中国发展体育事业奠定了重要基础。与此同时，我国开始着手规范各类社会团体，1950 年出台《社会团体登记暂行办法》，1951 年又出台《社会团体登记暂行办法施行细则》，为管理全国的各类社团提供了法律依据。

在发展体育事业的同时，我国开始构建体育社会组织体系，1952 年成立国家体育运动委员会，在此基础上形成了覆盖各省（自治区、直辖市）、市直至县区的体委系统，并在各相关部门建立体育组织。在全国的各产业系统和体委相继成立了体育协会，形成了由行政体系和社会团体体系构成的条块结合、比较完整的体育管理组织体系。这一阶段，除中华全国体育总会外，国家的共青团、妇联、青联等部门都有体育组织，形成了较为庞大的体育社团组织体系。"这一阶段体育社团出现两次发展高峰期,由政府主导成立全国性体育社团,1956年成立了16家,1964年成立了8家。"①

(2)恢复发展与初步改革阶段。

改革开放后的市场化改革促进了社会政治环境的放松,"社会主导意识形态从政治话语向经济话语转换"②,社会发展的自主性意识不断增强,各领域开始自发形成社会组织。随着社会空间不断扩大,社会组织的数量迅速增长,"截至1989年初,全国性和地方性的社会组织分别有1600多个和20多万个"③。这一阶段,中国政府对社会组织的管理开始从自由放任转变为强化管理,先后出台《基金会管理办法》《社会团体登记管理条例》等,强化对社会组织的法制化管理,严格限制社会组织取得合法资格必备的条件,建立双重管理体制。对体育社会组织规制的加强,在相当长时间内制约了体育社会组织的发展。

在各类社会组织发展的同时,体育社会组织也获得发展。"1979年,中国恢复国际奥委会合法席位之时,全国性体育社会组织达到14个。"④"20世纪80年代开始自上而下推动成立行业体协、农民体协、老年体协及残疾人体协。"⑤与此同时,国家体委开始启动体育体制改革,提出要"发挥体总、体协和单项协会的作用"⑥。1988年,"开始选择登山、武术、网球等十余个项目协会探索实施'协会实体化'改革"⑦。

2. 治理特点

这一阶段的治理呈现出明显的"单中心、强迫性工具"的管制特点,具体表现为以下几个方面:

(1)政府是唯一的治理主体。

这一阶段体育社会组织的产生,乃至改革开放后的恢复,都是由政府直接推动的。20世纪50年代初,我国仿照苏联及东欧国家的做法,构建起国家统管、权力集中的体育行政管理体制。在这样的体制下,政府既是体育事业的管理者,

---

① 黄亚玲. 中国体育社团的发展——历史进程、使命与改革[J]. 北京体育大学学报,2004(2):155-157.
② 李友梅,等. 中国社会生活的变迁[M]. 北京:中国大百科全书出版社,2008:201.
③ 郭国庆. 现代非营利组织研究[M]. 北京:首都师范大学出版社,2001:14.
④ 同①.
⑤ 郝勤. 中国体育通史(第六卷)[M]. 北京:人民体育出版社,2008:153-155.
⑥ 熊晓正,钟秉枢. 新中国体育60年(1949—2009)[M]. 北京:北京体育大学出版社,2010:173-174.
⑦ 国家体委联合调查组. 解放思想积极探索推进体育协会制的改革——全国性单项运动协会实体化改革试点情况的调查[J]. 体育文史,1995(1):27-30.

也是体育活动的举办者。

中华人民共和国成立之初,为满足体育外交需求,成立中华全国体育总会、部分单项运动协会等体育社会组织。此后逐步在权力集中的体育管理体系内,推动成立省、市级总会、单项运动协会。全国各地均将这些体育社会组织与体育主管部门的职能处室合署办公,不配备专门的人员编制及相应的办公场所,不开设独立的经济核算账户。体育社会组织在组织体系上高度同构于体育管理部门。即便是在改革开放后的20世纪80年代,体育社会组织仍旧同构于各级体育管理部门之中,从人员、办公场地到经费预算,无不受同构部门的管理。因此,这一阶段从治理主体来看,政府是唯一的主体。

(2)简单化使用强迫性治理工具。

这一阶段,前期是计划经济时期,后期开始实行市场经济改革,但体育领域的改革步伐缓慢,并未实施具有突破性的改革。在体育领域,作为政府代表的体育管理部门始终是唯一的治理主体,行政干预是其主要的治理手段,采用的治理工具单一。体育社会组织作为体育管理部门职能延伸的承担者,成为其附属机构。政府主要通过行政命令实行管制。体育社会组织的成立、机构管理人员的产生、机构职能的承担等,都听命于同级体育管理部门。体育管理部门为完成体育发展的政治任务,制订体育发展计划,而体育社会组织则更多地负责执行计划、开展活动。尽管在20世纪80年代中期,国家体委就体育社会组织改革提出"社会化和科学化"口号,确定"实体化"改革目标,并在1988年开始初步探索,1990年下发《关于中国拳击协会实体化的通知》推动拳击协会实现实体化,更在铁人三项、汽车联合会和体育舞蹈联合会试行纯社团性质运作,"协会工作人员不占用行政或事业编制,协会享有较大的自主权"[①],但这一阶段开展的实质性工作并不突出。

这一阶段,各级各类协会自身不具备独立的资金使用权,由相应的体育管理部门按照开展活动情况拨付资金。体育社会组织受体育管理部门指派,开展活动,实质上仍然是政府部门自身直接提供公共体育服务。

3.2.2 "单中心、有限多样化工具"治理阶段(1993—2001年)

1993年,伴随全面市场经济改革的启动,开始推动以政府职能转变为核心的行政管理体制改革,这为社会组织发展创造了良好的外部条件。1995年,联合国

---

① 刘东锋. 对我国单项运动协会实体化改革演进的思考[J]. 体育学刊, 2008, 15 (9): 21-25.

世界妇女大会在北京召开,本次大会使得社会组织的价值得以传播和推广,激发了社会力量以社会组织改变某些领域的动机,进而促进了各类社会组织的发展。这一阶段产生了近4万家行业协会。但是,随着1998年发布《社会团体登记管理条例》和《民办非企业单位登记管理暂行条例》,强化"归口登记、双重负责、分级管理"的双重监管体制在一定程度上减缓了社会组织发展速度,"1999年各类民办企业单位6千家,2000年上升到2.3万家"[1]。

1. 体育社会组织发展

1993年,国家体委启动新一轮体育改革,明确提出"形成国家办与社会办相结合、集中与分散相结合具有中国特色的社会主义体育新体制"[2]。改革的重要举措是将运动项目管理职能分离。"从1994年至1997年,先后建立作为体委直属单位的20个运动项目管理中心,规定各项目协会隶属于项目管理中心管辖"[3]。这一改革举措弱化了各项目协会的自主权。这一阶段,大众体育发展开始受到重视,国家先后出台了《中华人民共和国体育法》(以下简称《体育法》)和《全民健身计划纲要》。受政策推动,社区体育发展迅速。"1996年全国20个省(市、区)的4176个街道办事处中,已有2247个街道成立了社区体育组织,晨晚练指导站达到21754个。"[4]1998年开始实施社会组织清理整顿后,体育社会组织的数量减少,"与1996年18.4万家的峰值相比,1999年减少到14.2万家"[5]。与此同时,"中国体育舞蹈联合会和中国铁人三项运动协会实体化改革问题频发"[6],迫使体育协会实体化改革陷入停顿,并使国家体育总局收紧体育社会组织管理政策,提出"加强对全国性体育社团的业务指导和管理"[7]。

2. 治理特点

(1)政府"单中心"治理主体。

这一阶段,体育社会组织治理仍然沿袭上一阶段的政府"单中心"模式。尽

---

[1] 谢菊, 马庆钰. 中国社会组织发展历程回顾[J]. 云南行政学院学报, 2015 (1): 35-39.
[2] 熊晓正, 钟秉枢. 新中国体育60年 (1949—2009) [M]. 北京: 北京体育大学出版社, 2010: 175-176.
[3] 伍绍祖. 中华人民共和国体育史 (1949—1998) [M]. 北京: 中国书籍出版社, 1999: 51.
[4] 刘德佩, 白君玲, 等. 邓小平理论与中国体育改革 (中国体育改革二十年) [M]. 北京: 人民体育出版社, 2001: 86.
[5] 郭国庆. 现代非营利组织研究[M]. 北京: 首都师范大学出版社, 2001: 16.
[6] 史康成. 全国性体育社团从"同构"到"脱钩"改革的路径选择[J]. 北京体育大学学报, 2013, 36 (12): 1-5.
[7] 冯欣欣. 单项运动协会制度变迁的"锁定效应"研究[J]. 沈阳体育学院学报, 2017, 36 (3): 29-33.

管在20世纪90年代初我国推动行政管理体制改革的背景下，国家体委进行了初步改革，成立项目管理中心，且项目管理中心具有独立的法人资格，但相应的项目协会仍然同构于项目管理中心，形成了"一套人马，两块牌子"的治理格局，看似政府行政管理的职能被剥离给作为事业单位的项目管理中心，但实际上仍然沿袭传统体制，实际治理主体仍然是政府。"对体育社会组织发号施令或大包大揽，主张对体育社会组织'横管纵控'。"[1]地方层面的体育社会组织管理也效仿国家体育管理部门的做法，各类协会同构于项目管理中心，接受来自政府体育管理部门的单方面管理。

（2）治理工具的有限多样化。

这一阶段，从治理工具来看，由于市场经济的进一步发展，政府管理社会事务的手段趋于多样化，这促使政府在治理体育社会组织方面开始探索使用多种治理工具，但治理工具仍然以强迫性治理工具为主，有限使用了混合性和自愿性治理工具。

首先，通过法律法规实现对体育社会组织的治理。1995年颁行《体育法》和《全民健身计划纲要》，对体育社会组织作出明确规定。2000年，相继发布《体育类民办非企业单位登记审查与管理暂行办法》《全国性体育社会团体管理暂行办法》，表明体育治理逐步加强法制化，强调采用法律工具实施咨询与劝告式治理。

其次，运用"公营事业"的治理手段，促进体育社会组织实体化。这一阶段进一步实施体育社会组织实体化改革，从国家体育管理层面，将各运动项目的管理职能从国家行政机关中剥离出来，成立事业单位性质的项目管理中心。这些管理中心与单项运动协会合署办公，"既作为事业单位又作为相关单项协会的常设办事机构"[2]。这表明体育社会组织治理手段开始趋于多样化。

最后，注重运用社群工具，发展基层体育社会组织。1997年，国家出台《国家体委、国家教委、民政部、建设部、文化部关于加强城市社区体育工作的意见》，大力发展社区体育。受此影响，社区体育组织数量增长明显，有研究表明，1996年，在全国20个省（市、区）成立社区体育组织的街道达到近50%，"晨晚练指导站达到21754个"[3]。这些社区组织具有自愿性，成为大众体育发展及民间自发体育社会组织的重要组织基础。

---

[1] 戴红磊，于文谦. 国家治理视角下体育社会组织的治理[J]. 体育学刊，2017，24（5）：36-40.
[2] 刘东锋. 对我国单项运动协会实体化改革演进的思考[J]. 体育学刊，2008，15（9）：21-25.
[3] 刘德佩，白君玲，等. 邓小平理论与中国体育改革（中国体育改革二十年）[M]. 北京：人民体育出版社，2001：86.

3.2.3 "多中心萌发、有限多样化工具"治理阶段（2002—2012年）

2002年，党的十六大明确提出加强政府的社会管理和公共服务职能，提出建设服务型政府的目标。这一阶段伴随互联网技术的逐渐普及，社会自主性不断释放。2008年成功举办的北京奥运会，"激发和彰显了中国的公民社会品质"[1]。与此同时，自组织意义上的"草根"社会组织[2]在中国基层社会大量涌现。21世纪的第一个十年后，国家开始推动社会管理创新和社会建设，培育和发展社会组织。政府的政策激励加之社会发展促使我国社会组织数量持续增加，截至2012年，我国体育社会组织数量已达近50万个，如图3-1所示。

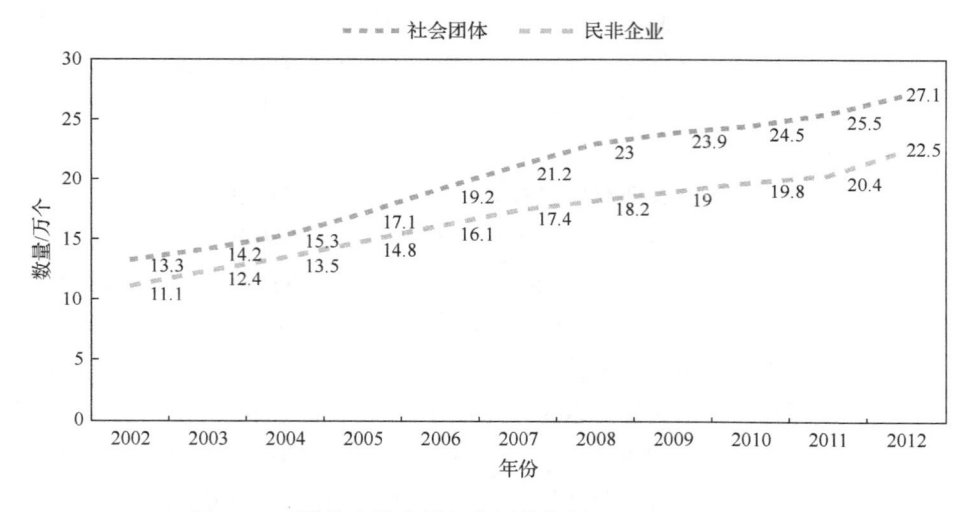

图3-1 两类体育社会组织发展趋势图（2002—2012年）

（资料来源：根据中国社会组织网公布的历年数据整理而成。）

1. 体育社会组织发展

这一阶段，我国体育社会组织在类型上出现明显的分化趋势，在数量上持续增长。

2002年以后，经济、政治乃至社会结构等宏观社会环境都促进了体育社会组织发展，在官办体育社会组织之外，出现了民办体育社会组织，使得体育社会组

---

[1] 高丙中，袁瑞军. 中国公民社会发展蓝皮书[M]. 北京：北京大学出版社，2008：1.
[2] 王名. 社会组织概论[M]. 北京：中国社会出版社，2010：3.

织呈现出明显的分化发展趋势。从体育领域来看,党和政府的重视是民办体育社会组织成长的制度动力;体育政策法规是民办体育社会组织成长的政策激励;城市居民的运动休闲需求是民办体育社会组织成长的内在动力。这些因素的组合,促使大量民间体育社会组织生成,并在城市基层发挥作用。

在数量方面,体育社会组织由 2002 年的 7000 家左右,增加到 2012 年的 23000 多家。2012 年登记注册的体育社会组织总数较 2001 年增长了 34.5%,其中,"体育社会团体增长了 33.4%,体育民办非企业单位增长了 11.9%,体育基金会增长了 44.1%"[①]。

2. 治理特点

(1) 多中心主体的萌发。

这一阶段,体育社会组织治理的主要主体仍然是政府,但在政府转变职能、加快行政管理体制改革的背景下,政府更加重视公共服务供给职能的发挥状况,对在基层承担公共服务供给职能的社会组织持有认同和支持的态度。在中央层面针对全国性的官办体育社会组织和从地方生发的基层体育社会组织,都树立了"分类监管"的治理理念。一些地方政府也积极探索、实施直接登记制、备案登记制等措施,以登记或备案方式赋予自发性体育社会组织合法资格,激发其开展大众体育服务活动的积极性。民间自发成立的体育社会组织在各地获得发展,总体来看,这些组织的力量薄弱,但逐步萌发并成长为体育社会组织的治理主体。

(2) 治理工具有限多样化。

这一阶段,体育社会组织治理的主要基调是政府针对自发性体育社会组织放松管制,而大量官办体育社会组织尤其是全国性体育社团,其治理方式变化不大。因此,总体来看,治理工具有限多样化。

首先,对行政控制的初步打破。上海、广东和江苏等省市出台针对不同类型体育社会组织的直接登记或备案登记制度,消除《体育社团登记管理条例》规定的"双重管理"造成的体育社会组织成立难问题。尽管登记制度的变化还不能成为治理工具的变革,但规制打破为后续多种治理工具的使用奠定基础。

其次,开始运用自愿性治理工具。随着体育社会组织发展分化趋势加强,政府部门放松规制,一些基层自发性体育社会组织获得合法资格,并在基层开展大众体育服务活动。这标志着自愿性治理工具得到使用。

---

① 戴红磊. 中国体育社会组织治理研究[D]. 大连:大连理工大学,2016:96.

3.2.4 "多中心、多样化工具"治理阶段（2013年至今）

党的十八大提出社会治理的新思想，倡导从中央到地方都积极推进社会治理创新，创新社会治理体制，强调"社会协同和公众参与"，创新社会治理方式，强调从单向管理向双向互动转向。在创新社会管理理念的支持下，转变对社会组织的态度，重视社会组织建设，将其作为公众和社会力量参与社会治理的重要载体。2013年通过的《中共中央关于全面深化改革若干重大问题的决定》提出"激发社会组织活力。正确处理政府和社会关系，加快实施政社分开，推进社会组织明确权责、依法自治、发挥作用。适合由社会组织提供的公共服务和解决的事项，交由社会组织承担"，进一步明确了社会组织治理创新的路径。2015年颁行的《行业协会商会与行政机关脱钩总体方案》明确提出"坚持社会化、市场化改革方向。围绕使市场在资源配置中起决定性作用和更好发挥政府作用，改革传统的行政化管理方式，按照去行政化的要求，切断行政机关和行业协会商会之间的利益链条，建立新型管理体制和运行机制，促进和引导行业协会商会自主运行、有序竞争、优化发展"。党的十九届三中全会报告提出要深化群团组织改革，推进社会组织改革，激发群团组织和社会组织活力。国务院将社会组织登记审批纳入"放管服"改革。受一系列政策推动，社会组织改革迈入新时代。2013年，全国共有社会组织54.7万个，截至2023年底，全国共有社会组织88.2万个，其中，社会团体37.3万个、民办非企业单位49.9万个、基金会9617个。全国各部门积极推动脱钩改革，促进社会组织独立发展。为培育社会组织，国家推动成立各类支持型或枢纽型社会组织，"各种类型的支持型社会组织在改善社会治理结构、推动行业规范形成、促进政社合作、承接政府公共服务、完善公益行业链条等方面的作用日益凸显"[①]。

1. 体育社会组织发展

在国家推动社会组织改革发展的大背景下，国家体育总局着力解决体育社会组织发展中长期存在的政出多门、身份不清等突出的管理问题。截至2014年底，具备合法资格的体育社会组织达3万多个，此后，"以每年超过10%的速度在增长"[②]，2021年我国共有体育社会组织为4.73万个。

---

① 祝建兵. 中国支持型社会组织发展研究[D]. 南京：南京师范大学，2016.
② 戴红磊. 中国体育社会组织治理研究[D]. 大连：大连理工大学，2016.

2015年国家体育总局出台《中国足球协会调整改革方案》,"推动中国足球协会实施脱钩改革"[①]。2019年国家体育总局进一步按照中央要求,推动88个协会全面脱钩,明确2020年底前基本完成。2022年,中共中央办公厅、国务院办公厅印发的《关于构建更高水平的全民健身公共服务体系的意见》提出"积极稳妥推进体育协会与体育行政部门脱钩。体育行政部门要加强对体育社会组织的政策引导和监督管理"。2022年修订的《体育法》明确提出"国家鼓励发展青少年体育俱乐部、社区健身组织等各类自治性体育组织"。与此同时,各类基层民间自发的体育社会组织依然活跃,各类城市"跑团""徒步社团""足球联盟""自行车俱乐部"等如雨后春笋般蓬勃发展。对于这些"自下而上"成立的社团组织,虽然难以统计其真实数据,但它们作为成长于城市居民中的自发力量,基于城市居民的日常生活需求开展活动,更富有生命力,这也预示着城市体育社会组织发展的趋势。为扶持体育社会组织发展,体育管理部门明确各级体育总会以支持型社会组织身份推动我国体育社会组织发展。

这一阶段,我国政府购买公共体育服务已经在北京、上海、江苏、浙江、广东等经济发达地区进行了试点摸索,在大众体育赛事、体育场地设施、体育指导培训等方面积累了一定的经验。2013年,北京市中小学体育运动协会、北京市汽车摩托车运动协会、北京市体育休闲产业协会和北京市模型运动协会等市级体育社团,参与政府购买公共服务[②]。2017年,江苏省人民政府购买公共体育服务项目34项,有23家社会组织和9家企业承接服务[③]。

2. 治理特点

(1)多元主体显现。

由于国家积极推动社会组织脱钩,推进政府购买公共服务,出台各类政策推动体育社会组织治理变革,在政府作为治理主体之外,又出现各类支持型体育社会组织(如各级各类体育总会),它们也参与体育社会组织治理。此外,部分作为市场主体的企业也参与进来,针对体育社会组织的资源困境,帮助筹集资金,在资金、人力、办公场所等方面对体育社会组织予以支持。

[①] 国务院足球改革发展部际联席会议办公室.《中国足球协会调整改革方案》公布(全文)[EB/OL].(2015-08-17)[2024-12-13]. http://politics.people.com.cn/n/2015/0817/c70731-27474663.html.
[②] 孙杰.体育社团接政府订单 揭政府购买公共服务大幕[EB/OL].(2013-08-21)[2024-12-13]. http://politics.people.com.cn/n/2013/0821/c70731-22640916.html.
[③] 于晨珺,木木.2017政府购买公共体育服务项目揭晓 共34项(附表)[EB/OL].(2017-05-16)[2020-02-10]. http://jsnews.jschina.com.cn/cz/a/201705/t20170516_509017.shtml.

（2）采用多元治理工具。

这一阶段，体育社会组织治理采用了更加丰富的治理工具。虽然政府还沿用了一些行政命令，直接提供服务及补助等工具，但也采用了混合性和自愿性治理工具，尤其是较之前两个阶段，开始运用私有市场，通过签约外包、补贴、经营特许权等方式培育体育社会组织。

3.3 体育社会组织治理模式变迁的逻辑机理

从治理模式角度，我们认识了体育社会组织变迁的总体历程，那么，在70年的变迁历程中，体育社会组织治理模式变迁的特征有哪些？促使体育社会组织治理模式变迁的动力又是什么？下面来进行具体介绍。

3.3.1 体育社会组织治理模式变迁的特征

体育社会组织治理模式变迁的特征比较集中地从治理主体、治理客体、治理工具、治理方式方面体现出来，具体如表3-2所示。

表3-2 体育社会组织治理模式变迁的特征

治理要素	第一阶段 （1949—1992年）	第二阶段 （1993—2001年）	第三阶段 （2002—2012年）	第四阶段 （2013年至今）
治理主体	一元	一元	多元萌发	多元
治理客体	单一	单一	复合	复合
治理工具	单一	有限多样	有限多样	多样
治理方式	管制	管制	管制、有限服务	管制、服务

资料来源：作者根据研究整理而成。

1. 治理主体从一元到多元

从治理主体角度考察发现，在很长的历史时期内，我国体育社会组织的治理主体都是政府。在计划经济体制下，各类社会事务均由政府管理，即便到改革开放初期，从开始实施有计划的商品经济到全面实施市场经济，政府的力量也依然强大。各类体育社会组织都是因政府的意愿而产生与发展的，用于满足政府职能转移或体制改革的现实需要。因此，体育社会组织与政府体育管理部门有着千丝万缕的联系，体育管理部门也通过将体育社会组织纳入行政管理体制的方式实施治理。

21世纪以来,随着政府行政管理体制改革的深入推进,政府体育管理职能转变,释放了一定的社会空间,也为多元主体参与体育社会组织治理提供了可能。尤其是城市一级的生发于基层的体育社会组织,获得了支持型社会组织、民非组织及市场组织——企业的关注,参与到治理中来。尽管这类组织数量还不多,但已显现出强大的生命力,也昭示着体育社会组织多元主体治理模式的形成。

2. 治理客体从单一到复合

从中华人民共和国成立到20世纪末,由于我国体育管理一直没有打破"举国体制"格局,在体育管理方面始终是"强政府、弱社会",所以尽管我国对官办体育社会组织进行了"实体化改革"探索,以及在1994年与1997年先后两次按照"政事分开、管办分离"的原则改革了国家体委的管理体制,成立了20个项目管理中心对相关项目实行专项管理[1],但其实质并未改变体育社会组织发展单一化的状况。

进入21世纪后,在一系列社会经济发展环境刺激及国家管理社会组织放宽管制的背景下,体育社会组织逐步出现分化态势,组织类型也从自上而下型发展为自上而下与自下而上多元复合发挥作用的形态。而且,随着大众体育需求的增长与多元分化,以及体育生活化趋势的不断加强,自下而上型体育社会组织在满足多元化需求,以及在服务于生活化需求方面具有的优势更加明显。这使得这一阶段的治理客体——体育社会组织发展呈现复合特点。

3. 治理工具从单一到复合

体育社会组织在发展早期,完全由政府推动成立,形成与政府同构的格局。受彼时"全能政府"理念的影响,政府采用行政化手段包揽体育社会组织一切事务。政府对体育社会组织的治理也仅仅采用行政管制的手段,靠行政命令推动体育社会组织完成任务。

改革开放以后,这种局面有所改变。首先转变的是,随着对法治政府建设的重视,国家开始在行政手段之外,运用法治手段管理社会事务。因此,开始出现与行政命令手段同步使用的法律法规手段,这也标志着国家在体育社会组织治理方面复合手段的萌发。此后,随着市场经济建设步伐加快,社会自主性

---

[1] 陈丛刊,魏文. 我国体育社会组织治理方式分析与启示[J]. 体育文化导刊,2018(4):10-14.

不断增强，社会力量参与国家事务治理的积极性加强，体育社会组织治理工具逐步出现社群治理工具、自愿性治理工具、市场化治理工具，治理手段呈现多元复合的特点。

4. 治理方式从管制到服务

与治理主体和治理工具单一化同步的特征是，在很长一段时间内，我国在体育管理活动中对体育社会组织的治理方式是管制式治理。体育管理部门控制着体育社会组织的人员、经费、办公场所等要素。体育社会组织的职责与功能由体育管理部门规定，受体育管理部门审批与指派开展活动。可以说，体育社会组织没有任何自我发展的空间。

进入21世纪后，我国开始探索服务型政府的建设。2001年，上海市率先提出建立一个高效、精干的服务型政府。此后，南京、成都、广州、珠海、重庆等城市纷纷实践服务型政府理念。基层的服务型政府实践促使国家治理认识的转变，2003年国家开始明确"社会主义市场经济条件下政府经济调节、市场监管、社会管理和公共服务职能"[①]。党的十七大进一步明确"建设服务型政府"的目标[②]。在国家政策导向下，体育管理部门开始重视以服务方式治理体育社会组织，如采用多种方式培育体育社会组织、为体育社会组织开展培训、调拨中央财政资金用于扶持体育社会组织发展。据统计，2015—2023年，民政部累计支持全国各地体育社会组织10个项目，累计投入资金约400万元。

3.3.2 体育社会组织治理模式变迁的动力机制

通过梳理我国体育社会组织治理的主体、客体、工具和方式的变迁，不难发现，在国家治理体制与治理方式改革、体育发展环境转变的背景下，体育社会组织治理模式呈现出比较明显的由单一向多元、由集权向分权、由管制向服务转变的态势，那么，是哪些因素促使变迁发生的？变迁背后的动力机制是什么？根据新制度主义制度变迁分析框架，本书从结构层面分析认为国家治理转型形成变迁的结构因素；体育治理目标转向与治理模式路径依赖属于变迁的制度因素；体育需求的多元化和体育社会组织的创新扩散是变迁的行动者因素。

---

① 朱光磊，于丹. 建设服务型政府是转变政府职能的新阶段——对中国政府转变职能过程的回顾与展望[J]. 政治学研究，2008（6）：67-72.

② 胡锦涛. 高举中国特色社会主义伟大旗帜 为夺取全面建设小康社会新胜利而奋斗——在中国共产党第十七次全国代表大会上的报告[M]. 北京：人民出版社，2007：32.

1. 国家治理转型形成变迁的制度性压力

中华人民共和国成立70多年来，体育社会组织的改革发展与其外部环境——我国总体治理体系的变革息息相关。"1949年后建立的以计划经济为基础的全能主义国家是将经济、社会乃至私人生活的所有方面纳入国家的组织和控制之中。"[1]在国家大一统的行政化治理体系之下，体育社会组织不可避免地被纳入政府系统中，成为所谓的"二政府"，承担体育管理部门的延伸职能。改革开放以来，历经40多年的改革发展与经济—社会转型，社会利益多元化，"并在人们的生活方式、思想观念以及自然环境等方面产生了不可逆转的影响"[2]。全能主义的国家治理形态也随之转变，我国通过持续推进体制改革、加强政策调整，不断适应社会转型，进而实现国家治理机制的重建。

在国家治理转型过程中，重建政府与社会组织关系也是一项重要内容。国家从1998年出台《社会团体登记管理条例》，规定"成立社会团体，应当经其业务主管单位审查同意，并依照本条例的规定进行登记"，收紧社团管理的口子，到2016年为适应新形势的需要，修订该条例；从1998年出台《民办非企业单位登记管理暂行条例》，到2018年出台新的《民办非企业单位登记管理暂行条例》；从2004年颁行《基金会管理条例》，到2016年颁布《中华人民共和国慈善法》；从2015年出台《行业协会商会与行政机关脱钩总体方案》，到2019年全面推开脱钩改革，一直用制度建设的方式，推动社会组织走向独立。"截至2021年底，共有729家全国性行业协会商会和69699家地方行业协会商会完成了脱钩改革，完成率分别为92%和99%。"[3]。2019年发布的《关于全面推开行业协会商会与行政机关脱钩改革的实施意见》要求全面推开脱钩改革，"脱钩的主体是各级行政机关与其主办、主管、联系、挂靠的行业协会商会，脱钩的任务包括机构、职能、资产财务、人员管理、党建外事等"。

政府在各个领域开展的职能转变和社会组织改革，成为体育社会组织改革的外部制度性压力。在这样的压力之下，体育管理部门也不得不推动体育社会组织与自身分离，尤其是国家实施脱钩改革以来，体育管理部门基本上是迫于国家政策压力推进改革的，2015年首先提出中国足协作为试点实施脱钩改革，但改革的进展乏善可陈；在2019年的全国一盘棋推进脱钩的政策下，不得不实施改革，推

---

[1] 邹谠. 二十世纪中国政治：从宏观历史与微观行动视角看[M]. 香港：牛津大学出版社，1994.
[2] 徐湘林. 转型危机与国家治理：中国的经验[J]. 经济社会体制比较（双月刊），2010（5）：1-14.
[3] 郁建兴. 行业协会商会脱钩改革任务顺利完成[J]. 中国民政，2022（13）：37.

动88个协会全面脱钩。可见，体育社会组织的治理变革在很大程度上受外在国家治理体系转型的制度性压力推动。

2. 体育治理目标转向成为变迁的价值性引力

我国体育治理的目标伴随着国家发展及体育在国家发展中的地位的变化而发生变化，这种变化也构成体育社会组织治理模式转变的价值性引力。

中华人民共和国成立初期，毛泽东同志提出"发展体育运动，增强人民体质"倡议。在很长时间内，强健人民体魄，提升中国的国际地位，扩大国际影响力，成为体育治理的首要目标。在这样的目标引领之下，各类体育组织都是实现这一目标的工具。可以说，此时采用的是满足国家政治需要的"行政化""集权化"的治理模式。在这一模式下，体育社会组织不可避免地成为体育管理部门的附属，成为实现"金牌"目标的工具。

2008年，北京举办奥运会，中国首次位列夏季奥运会金牌榜第一名，这彰显了中国的体育实力，也了却了中华民族强起来的心愿。随着市场经济发展，中国社会价值观更趋多元，政府部门加快建设服务型政府，因此我国体育治理的目标发生转向，更加重视体育的服务大众功能。具体如下：在关注人民物质文化需求的前提下，重视、满足人民兴趣爱好，使之成为生活方式，达到促进人民全面发展的目标；在经济发展新常态的引领下，重视体育服务于国家经济发展的功能。体育产业作为国民经济新的增长点，已成为国家支撑力的要素[1]。国家体育治理的价值转向体现了"以人为本"的价值理念，契合国家发展的总体要求。随着体育治理的价值目标转向服务公众需求，体育社会组织治理也需要体现"以人为本"，以更多的自下而上成立的基层体育社会组织来满足人们多元化的需求，进而打破政府部门控制体育社会组织的局面。因此，体育社会组织治理模式转变受到我国体育治理目标转向的影响。体育治理目标的转变从价值层面引领了体育社会组织治理模式的改革。

3. 体育需求多元化形成变迁的内在性动力

改革开放以来，社会生产力不断进步，社会经济发展水平不断提高，我国居民的收入持续增加。"2023年，全国居民恩格尔系数为29.8%。"[2]伴随收入增加，

---

[1] 杨桦. 论体育治理体系的价值目标[J]. 北京体育大学学报, 2016, 39（1）: 1-6.
[2] 辛圆. 我国恩格尔系数重回30%以下，但不能简单和富足划等号[EB/OL]. （2024-01-18）[2024-12-15]. https://finance.sina.com.cn/jjxw/2024-01-18/doc-inacxsie1789580.shtml.

劳动时间不断减少，近年来，我国法定节假日已达 13 天，2025 年将增加至 15 天。收入与劳动时间的一增一减，促使人们更加关注精神生活的质量，在工作之余通过追求"闲趣"来满足精神生活需求。同时，伴随经济的高速发展，人们面对的社会竞争压力不断增加。与此同时，科技发展大大减少了人们的体力活动，而现代生活方式带来了大量的"文明病"。

为满足人们日益增长的需求、应对因体力活动减少而带来的公共健康问题，国家连续出台激励健身休闲产业发展的政策。2013 年我国颁布了《国民旅游休闲纲要（2013—2020 年）》；2014 年下发了《国务院关于加快发展体育产业促进体育消费的若干意见》；2016 年发布了《国务院办公厅关于加快发展健身休闲产业的指导意见》《全民健身计划（2016—2020 年）》《"健康中国 2030"规划纲要》；2019 年发布了《国务院关于实施健康中国行动的意见》《健康中国行动组织实施和考核方案》《健康中国行动（2019—2030 年）》《国务院办公厅关于印发体育强国建设纲要的通知》。我国以加大政策供给的方式促进健身休闲产业发展，满足人们参与运动休闲活动的需求。

通过国家政策的激励，参与运动休闲逐渐被人们所接受，城乡居民的体育运动需求不断增长，且呈现个性化、多元化趋势。但是，从政府角度来看，政府部门仅具备满足基本公共需求的能力，难以顾及个性化需求。从市场角度来看，市场主体受制于成本收益考量，也只能通过收费的方式满足一些高端个性化需求。为了满足大量民间的多元化的需求，人们只能通过自发组织的方式开展自我服务。因此，体育需求的多元化成为促使体育社会组织治理变迁的重要内在动力。

4. 地方政府体育社会组织政策创新形成变迁的拉力

政策创新作为一种正向的、积极的政策变迁[1]，"成为各国政府回应治理挑战的重要手段"[2]。在针对改革开放以来我国经济取得巨大成就的关键因素的分析中，各国学者比较公认的因素是"进行政策创新并将其上升为国家政策"[3]。"政策创新扩散意指政策创新经过一段时间，经由特定的渠道，在政府间传播并被采

---

[1] 王星霞. 义务教育发展政策变迁：制度分析与政策创新[J]. 河南大学学报，2017，57（2）：109-117.
[2] GRAHAM E R, SHIPAN C R, VOLDEN C.The diffusion of policy diffusion research in political science[J]. British journal of political science, 2013, 43(3): 673.
[3] HEILMANN S. From local experiments to national policy: The origins of China's distinctive policy process[J]. The China journal, 2008(59): 1-30.

纳的过程。"[①]我国自改革开放以来，在政治、经济、社会等政策领域都出现了大量的政策创新扩散现象，尤其是近年来，我国推进国家治理体系和治理能力现代化，中央及地方政府实施关于社会组织改革的政策创新。在体育社会组织治理变革方面，地方政府的探索走在中央人民政府的前面。以江苏省为例，党的十八大后，江苏省第一时间印发《关于培育发展基层体育社会组织的指导意见》，此后又相继印发《进一步加强体育社会组织建设的指导意见》和《推进省属体育社团分类改革的实施意见》。按照相关文件要求，2013年江苏省致力于推动体育社团规范化、社会化、实体化建设。"首批选择了11个省、市单项协会进行试点改革，推进体育社团'三化''五有'建设。"[②]苏州市体育总会力推体育基层社团组织备案制度。苏州市成立市（县、区）体育总会10个，各市（县）、区均成立了镇级体育总会；成立体育社团152家，体育类民办非企业单位165家，备案制体育俱乐部282个[③]。自2015年开始，江苏省体育协会下决心进行改革，尤其是会长人选的产生要打破"推荐制"[④]。为帮助体育社会组织成长，苏州市体育管理部门首先强化体育社会组织党建，为改革发展指明方向、锚定重点。与此同时，苏州市从建章立制入手，建立以章程为核心的民主议事制度，对标规范化、实体化、专业化、社会化、标准化、信息化六项综合性指标，加强自我能力建设。建立重点工作督查机制，强化外部监督管理。截至2019年，苏州全市拥有体育协会337家，拥有各类体育类民办非企业单位446家。真正形成了体育社会组织发展的"苏州经验"[⑤]。

各地在地方层面的政策创新，在全国范围内具有示范效应，既推动了国家层面体育社会组织改革，也成为其他地区学习的榜样。这些发展先进地区的政策创新成为促使体育社会组织治理变迁的拉力。

[①] 杨代福. 西方政策创新扩散研究的最新进展[J]. 国家行政学院学报，2016（1）：122-126.

[②] 刘敏. 江苏省体育局：创新推进体育社会组织改革发展[EB/OL].（2013-10-29）[2020-01-15]. http://www.chinanews.com/ty/2013/10-29/5438662.shtml.

[③] 刘敏. 江苏加快推进体育社会组织发展[EB/OL].（2013-11-13）[2020-02-15]. http://sports.people.com.cn/n/2013/1113/c22176-23531694.html.

[④] 叶勇. 体育社会组织如何做到与体制脱钩？江苏省体育总会这样做[EB/OL].（2019-03-05）[2024-12-15]. https://news.sina.com.cn/o/2019-03-05/doc-ihsxncvh0080698.shtml.

[⑤] 张甜甜，史毓莹，刘敏. 江苏苏州深化体育社会组织改革的"苏州经验"[EB/OL].（2019-11-06）[2020-02-15]. http://www.cpwnews.com/content-13-33563-1.html.

5. 治理模式的路径依赖形成变迁的阻力

路径依赖是新制度经济学中在制度变迁过程中出现的一种现象，即"制度变迁一旦走入了某一路径，便可能出现自我强化和锁定两种效应"[①]。在我国体育社会组织治理模式变迁的过程中，治理模式对旧有体制的路径依赖，成为阻碍体育社会组织变革的重要力量。

受政治传统的影响，我国一直有"全能政府"的观念，政府习惯于对社会事务实施直接管理。在传统体育行政管理体制下，体育管理部门习惯于运用行政干预式管理手段，且这样的治理模式也给政府及其管理人员带来了利益。项目管理中心与协会同构的体制之所以延续多年，是因为它们成为行政部门权力延伸的领地，体育管理部门仍然能够凭借行政权力控制体育社会组织人、财、物的使用，同时，也能以行政力量垄断大量的体育事业发展资源，如运动员和教练员身份的认定权、体育赛事审批权等。每项事务的背后，都有着相应的利益集团，利益集团出于对自身利益的追逐及各方博弈，必定不愿意实施改革。此外，尽管 2008 年后，从国家到公众对金牌的认识更加理性，但体育管理部门仍然将金牌作为政绩的考量标准，将金牌数量作为衡量各运动项目协会和项目管理中心政绩的量化指标，而采用行政干预式管理手段更有利于金牌目标的达成。因此，综合各方面的原因可知，对旧有体制的路径依赖成为体育社会组织治理模式变迁的重要阻力。

[①] 思拉恩·埃格特森. 新制度经济学[M]. 吴经邦，李光耀，朱寒松，等译. 北京：商务印书馆，1996：69-91.

第 4 章
体育社会组织治理中的政社关系

体育社会组织作为弥补政府和市场体制缺陷的制度创新形式，在中国体育转型发展中发挥着越来越重要的作用。通过梳理中华人民共和国成立以来体育社会组织治理模式的演进可知，政府在体育社会组织发展中始终扮演着重要的角色。实际上，在具有"强政府"传统的中国社会中，体育社会组织的发展注定离不开政府，这也使得政社关系成为体育社会组织治理研究中不可回避的重要议题，无论是体育社会组织改革研究还是体育社会组织培育发展研究，都离不开对政社关系的观察。

4.1 我国关于政社关系认识的进展

20 世纪 80 年代末，随着我国不断推动经济体制改革，政府转变职能，社会空间得以扩大，国家（政府）与社会之间的关系问题愈发凸显，开始引起学界重视。近40年来，这一议题始终是中国改革研究的焦点，随着经济社会及国家治理理念的发展，国家不断加深对社会组织的认识，对其态度和政策发生变化，"不断形塑着自身与社会的关系形态"[1]。学界对政社关系的认识也不断深化。总体来看，我国关于政府与社会组织关系的认识经过了从单一的宏观静态研究向宏观与中观和微观动态研究并重发展的过程。

4.1.1 宏观视角的结构化分析

宏观研究视角在我国改革开放初期兴起，并始终在政治和社会发展领域得到广泛采用，其中，接受度最高的是市民社会和法团主义理论。同时，学者们也认识到国外理论在解释中国问题方面的局限性，从而发展出"社会中间层"[2]理论、

---

[1] 陈天祥，郑佳斯，贾晶晶. 形塑社会：改革开放以来国家与社会关系的变迁逻辑——基于广东经验的考察[J]. 学术研究，2017（9）：68-77，178.
[2] 王颖，折晓叶，孙炳耀. 社会中间层——改革与中国社团组织[M]. 北京：中国发展出版社，1993：1-10.

"分类控制"理论和"行政吸纳社会"[①]理论等。

1. 市民社会理论视角的研究与争议

有学者认为,"在国家与社会关系研究中,市民社会是最先流行的分析框架,更多关注社会组织与政府之间的冲突关系"[②]。1993年,学者怀特作出中国开始出现市民社会的判断[③]。有学者提出,中国政府力量强大,因此中国社会还难以成为西方意义上的市民社会,但可以称得上是半市民社会[④]或国家领导的市民社会。我国学者邓正来首先将市民社会理论引入国内,他从促进民主政治的角度分析市民社会发展,并提出"建构国家与社会的良性互动关系"[⑤]。还有学者以市民社会为视角展开实证研究,发掘中国社会中的市民社会特征[⑥][⑦]。

但是,对于中国出现市民社会的判断,也有很多学者持怀疑态度,他们认为由于中国社会"强政府"的传统,国家一直是控制社会的强有力的组织,因此虽然改革开放后中国出现了大量社会组织,在某种程度上改变了国家与社会的力量对比,但是"不能因此认为中国已经出现市民社会"[⑧][⑨]。

2. 法团主义

法团主义理论摒弃市民社会理论关于国家与社会对立的观点,"认为国家整合利益群体,让社会组织呈现成员的利益,但要受国家的控制和约束并帮助国家管理和开展相关政策"[⑩]。我国部分学者认为法团主义更强调国家作为主导的控制力量,主张采用自上而下垂直的治理结构,因此"更符合中国国情,适用于对中国的研究"。他们对中国各地的社会组织开展实证研究,提出了"国家法团

[①] 康晓光,韩恒. 行政吸纳社会——当前中国大陆国家与社会关系再研究[J]. 中国社会科学(英文版),2007(2):116-128.

[②] 康晓光,韩恒. 分类控制:当前中国大陆国家与社会关系研究[J]. 社会学研究,2005(6):73-89.

[③] WHITE G. Prospects for civil society in china: A case study of Xiaoshan City[J]. The Australian journal of Chinese Affairs, 1993(29): 63-87.

[④] HE B G. The making of a nascent civil society in china[C]//DAVID C. Schak and wayne hudson (eds.), civil society in Asia. Burlington, VT: Ashgate, 2003: 26.

[⑤] 邓正来. 市民社会理论的研究[M]. 北京:中国政法大学出版社,2002: 3-4.

[⑥] 朱健刚. 国与家之间:上海邻里的市民团体与社区运动的民族志[M]. 北京:社会科学文献出版社,2010: 2-8.

[⑦] 夏建中. 中国公民社会的先声——以业主委员会为例[J]. 文史哲,2003(3):115-121.

[⑧] PEI M X. Chinese civic association: An empirical analysis[J]. Modern China, 1998, 24: 285-318.

[⑨] MA S Y. The Chinese discourse on civil society[J]. The China quarterly, 1994, 137: 180-193.

[⑩] ADAMS P S. Corporatism and comparative politics: Is there a new century of corporatism?[C]//WIARDA H J. New directions in comparative politics. Colorado: Westview Press, 2002.

主义监管模式"[①]、"庇护性"和"层级性"国家法团主义模式[②]、"地方性"国家法团主义[③]等理论命题。

4.1.2 中微观视角的过程性分析

在社会学和政治学领域，学者们更早关注转型社会下我国社会组织出现的分化现象，指出"与发达国家相比我国非政府组织内部异质性更大"[④]。这呈现的更多是中微观层面的实践，因为国家和社会组织并非笼统的、整体的模糊概念，而是具有不同层级的、具体的组织。一旦将国家和社会具体为相应的组织，对其研究的中微观视角便呈现出来，相应的组织发展与互动的过程也得以显现。

1. 中观的制度主义分析

制度主义是中观研究运用较多的分析方法。其中，资源依赖理论和新制度主义理论较为常见。

资源依赖理论认为组织首先关心如何生存，组织自身无法产生生存所需的资源，必须从其所处的环境中获取，因而建立与其他组织的关系。"任何组织为生存下去，都需要具备控制自身与其他组织关系的能力。"[⑤]组织在对外部资源进行控制的同时，需要对内部的权力实施控制。我国学者以资源依赖理论为视角，开展社会组织与政府之间关系的研究，提出了"关于社会组织自主性"[⑥]"非对称性依赖"[⑦]"互动合作的结构"[⑧]等观点。

新制度主义理论更关注组织的合法性，认为组织生存的环境以合法性的机制形塑组织，使其形成与制度环境相符合的组织结构，进而实现同构[⑨]。由于新制度

---

① 顾昕，王旭. 从国家主义到法团主义：中国市场转型过程中国家与专业团体关系的演变[J]. 社会学研究，2005（2）：155-175，245.
② 张钟汝，范明林，王拓涵. 国家法团主义视域下政府与非政府组织的互动关系研究[J]. 社会，2009（4）：167-194，228.
③ 徐建牛. 地方性国家法团主义：转型期的国家与社会关系——基于对大涌商会的个案研究[J]. 浙江学刊，2010（5）：111-115.
④ 柏必成. NPOs与政府的关系分析——基于中国NPOs的分类[J]. 公共管理学报，2005，2（4）：13-18.
⑤ PFEFFER J, SALANCIK G R. The external control of organizations: A resource dependence perspective[M]. New York: Harper and Row, 1978: 165.
⑥ 虞维华. 非政府组织与政府的关系——资源相互依赖理论的视角[J]. 公共管理学报，2005（2）：32-39，93-94.
⑦ 徐宇珊. 非对称性依赖：中国基金会与政府关系研究[J]. 公共管理学报，2008（1）：33-40，121.
⑧ 汪锦军. 浙江政府与民间组织的互动机制：资源依赖理论的分析[J]. 浙江社会科学，2008（9）：31-37，124.
⑨ DIMaggIO P. POWELL W. The iron cage revisited: institutional isomorphism and collective ratio nality[J]. American sociological review, 1984, 42: 1-10.

主义理论强调环境中制度要素的重要性，所以被我国学者广泛运用。新制度主义学者针对中国的社会组织展开研究，形成了慈善组织是"非协调约束下的组织运作"[①]、官办社会组织具有"形同质异"特征[②]等论断。

2. 微观的策略分析

随着对社会组织研究的不断深入，有学者将研究旨趣转向关注具体社会组织的运作逻辑和行动策略，并着力分析这一过程中出现的冲突与整合。我国学者对近年来成长起来的各类社会组织（主要是大量的环保组织和各类"草根"组织）展开观察和研究，提出了精彩纷呈的观点，为观察转型社会组织发展提供了具有突破性的视角。例如，就环保组织的行动策略提出"传统与现代集体行动技能的混合"的观点[③]；基于"草根"组织的研究更加多样化，认为"草根"组织与政府的关系成为一个与正式制度并列的解决问题的工具[④]。微观的策略分析主要分析了基层社会组织与政府互动过程中的"正当妥协"[⑤]"非正式政治"[⑥]行动策略等。

4.1.3 对各类研究视角的分析

从宏观视角来看，国家与社会的二分法分析范式受到学者们批评是因为其对于中国的本土适用性不足，研究层面过于宏观。对这一视角持批判态度的学者们认为国家与社会二元论是产生于在历史、文化、制度等方面有深厚自治传统基础的西方社会的理论，其是否适用于有中央集权传统的中国社会值得探讨。黄宗智认为"国家与社会二元对立是从近代西方经验里抽象出来的一种理想构造，并不适合于中国"[⑦]。李友梅等认为"国家与社会框架更适合处理相对宏观的现象，某种程度上简化了社会实践的复杂性"[⑧]，因而无法从中观和微观层面对日趋开放、

---

① 田凯. 组织外形化：非协调约束下的组织运作——一个研究中国慈善组织与政府关系的理论框架[J]. 社会学研究，2004（4）：64-75.
② 沈原，孙五三. 制度的形同质异与社会团体的发育——以中国青少年基金会及其对外交往活动为例[C]//中国青少年发展基金会，基金会发展研究委员会. 处于十字路口的中国社团. 天津：天津人民出版社，2001：301-324.
③ XIE L. China's environmental activism in the age of globalization[J]. Asia politics & policy, 2011(2): 207-224.
④ 赵秀梅. 中国NGO对政府的策略：一个初步考察[J]. 开放时代，2004（6）：5-23.
⑤ 陶庆. 地方政府与民间组织"正当妥协"的宪政维度——南方市福街草根商会的"民族志"视角[J]. 国际政治研究，2006（3）：119-134.
⑥ 张紧跟，庄文嘉. 非正式政治：一个草根NGO的行动策略——以广州业主委员会联谊会筹备委员会为个例[J]. 社会学研究，2008（2）：133-150，245.
⑦ 黄宗智. 中国的"公共领域"与"市民社会"？——国家与社会间的第三领域[C]//邓正来，杰弗里·亚历山大. 国家与市民社会：一种社会理论的研究路径. 北京：中央编译出版社，1998：420.
⑧ 李友梅，黄晓春，张虎祥，等. 从弥散到秩序："制度与生活"视野下的中国社会变迁（1921—2011）[M]. 北京：中国大百科全书出版社，2011：3-4.

复杂的社会作出回应。在国家与社会二元论之下发展起来的公民社会与法团主义理论认为社会独立于国家而存在。持有这一观点的学者，用公民社会的标准检视我国社会组织发展，认为我国社会组织发展不完善，存在不符合公民社会的特征。中国受其独特的政治、社会发展传统的影响，更多呈现出国家与社会相互渗透的复杂关系。近年来，随着具有中国特色的改革措施的实施，出现大量活动频繁、功能广泛的社会服务类组织，这类组织未被纳入公民社会框架中。因此，建基于此理论之上的研究，对中国本土实践的解释力有限。

在中微观研究中，基于中观研究的新制度主义有忽视行动者地位的问题，"制度主义者不考虑行动者的能动性，无法发展具有预测性和说服力的理论来阐释有关制度实践的诸多现象"[1]。在合法性研究中，学者尚未关注组织实践的能动性，对组织的创新性问题关注不足。在微观研究中，学者对社会组织一方的关注较多，而忽视了政府一方的策略，尤其是需要关注政府并非是一个模糊的整体，而是存在于国家治理体系中不同层级不同地域的治理主体。各地的政府部门在国家治理体系和治理能力现代化的倡导下，也进行了大量的创新实践，其中也包括社会组织治理方面的措施。因此，微观研究需要关注政府在治理社会组织过程中创新性的制度逻辑与行动策略。

总体来看，我国关于政府与社会组织关系的认识逐渐符合中国社会发展的实际，也更倾向于从国家与社会宏大主题下的静态视角转向资源、制度、合法性、行动策略等中微观的动态视角。这类中微观的视角对中国社会组织发展更具洞察力，对中国政府与社会组织的关系也更具解释力。我国学界关于政府与社会组织关系方面的理论研究，为我们深入探讨政府与体育社会组织的关系提供了丰富的学术资源，使得我们得以更加理性、客观地分析我国政府与体育社会组织的关系。

4.2 体育社会组织治理进程中政社关系的变迁

通过对我国政府与社会组织关系研究结果的梳理分析，可以了解研究政府与社会组织之间关系的主要理论工具及研究进展。但是，我们也应看到，我国绝大多数关于政府与社会组织之间关系的研究无论是总体性研究还是个案研究，都很少基于体育系统进行观察。体育社会组织并未被主流学者所关注，而我国体育管理体

---

[1] DIMaggIO P. POWELL W. The iron cage revisited: Institutional isomorphism and collective rationality in organizational fields[J]. American sociological review, 1983, 48(2): 147-160.

制及这一领域的社会组织又有其独特之处，因此这一领域的政社关系除具备总体性特征之外，呈现出与其他领域的差异，以及独特的面向。已有关于体育社会组织与政府关系的研究，多是基于体育社会组织总体性概念的演绎分析[1]，更关注二者的合作关系[2][3]，仅有个别学者关注到体育社会组织内部的组织差异性，并基于差异分析与政社关系展开研究[4]。本书关注体育领域体育社会组织发展的独特性，借鉴已有研究成果，综合考量体育作为公共产品的功能变化、我国体育治理科层体系及体育社会组织的分化变迁，来分析二者关系变化的脉络。

4.2.1 体育领域社会组织治理的独特性

1. 中华人民共和国成立以来体育作为公共产品的功能变化

"公共产品"概念在 19 世纪中叶由兰度尔提出，但真正将其发展为理论的是保罗·萨缪尔森，他提出了公共产品相较于私人产品的非排他性和非竞争性。此后，公共选择理论的创始人詹姆斯·布坎南又在此基础上，发展出准公共产品或俱乐部产品的概念，该概念是指介于纯私人产品和纯公共产品之间的产品。此后，阿特金森、斯蒂格利茨、奥斯特罗姆及乔治·恩德勒等都对公共产品理论进行了发展。借鉴奥斯特罗姆的观点，用排他性/非排他性和共用性（非竞争性）/非共用性（竞争性）将社会上的产品划分为四种类型，如表 4-1 所示[5]。一般来说，公共产品包括表 4-1 中除私人物品以外的所有产品。

表 4-1　产品的分类

	非共用性（竞争性）	共用性（非竞争性）
排他性	私人物品 面包、鞋、汽车、书等	收费物品 剧院、收费公路、图书馆等
非排他性	公共池塘类物品 地下水、海域、地下石油等	公共物品 国防、法律、消防、天气预报等

---

[1] 彭菲. 社会治理新常态下体育社会组织与政府合作治理机制研究[J]. 首都体育学院学报, 2017（4）：336-338, 347.
[2] 谢叶寿, 阿英嘎. 公共体育服务政府与非营利组织合作供给逻辑分析[J]. 西安体育学院学报, 2015（6）：675-679.
[3] 冯欣欣, 曹继红. 政府与非营利体育组织合作：理论逻辑与模式转变——基于资源依赖的视角[J]. 天津体育学院学报, 2012, 27（4）：297-302.
[4] 冯欣欣, 曹继红. 资源依赖视角下我国体育社团与政府的关系及其优化路径研究[J]. 天津体育学院学报, 2013, 28（5）：382-386.
[5] 埃莉诺·奥斯特罗姆. 公共事务的治理之道[M]. 余逊达、陈旭东, 译. 上海：上海三联书店, 2000：56.

就体育产品来说，联合国统计署于 2002 年制定的《主要产品分类》将体育分为体育和娱乐性体育服务、运动员服务和有关的支持性服务两大类[①]。可见，体育产品属于服务产品。体育是通过有规则的身体运动改造自身的社会实践活动[②]。体育可以健全人的身心，促进人的发展，使人获得娱乐、审美、自我实现等感受。正因如此，体育在社会大系统中发挥着特有的功能。根据体育服务产品在满足人们需要方面的不同作用，将其划分为大众体育服务和竞技体育服务，分别用于满足人们参与运动的需求和观赏运动的需求。通过供给大众体育服务来满足大众参与运动的需求，通过供给竞技体育服务来满足大众观赏运动的需求。

以公共产品理论分析大众体育和竞技体育服务的产品属性，发现二者均具有公共性。从全民健身服务来看，参与体育运动的权利是人的基本权利，作为人权的体育权已经得到联合国和国际奥委会的承认[③]，进而得到国际社会的公认。我国的《中华人民共和国宪法》和《体育法》都对人们参与体育的权利予以确认。我国为服务公众参与体育运动，提供了以广大社会公众为服务对象的全民健身公共服务。因此，以满足社会公众共同需要为目的的全民健身服务应当属于公共产品。从竞技体育服务来看，由于竞技体育具有展示国家实力、彰显国家荣誉，进而促进民族和国家认同的功能，而这些都具有非排他和非竞争性，所以，服务于国家政治需求的竞技体育属于公共产品。

在我国，大众体育和竞技体育作为公共产品的功能随着国家政治和社会发展而有所改变。从中华人民共和国成立至 2008 年，我国为向西方世界展示社会主义制度的优越性和国家实力，提高我国在国际上的地位，特别强调各类竞技体育比赛获得的金牌数量。从人民的心态来看，也认同体育成绩代表国家荣誉，重视金牌在为国争光方面的效应，更关注比赛胜利带来的民族自豪感，因此，这一阶段社会公众的需求也倾向于观看和欣赏比赛。在这一阶段，国家重点发展竞技体育，侧重提供竞技体育服务产品，包括培养竞技运动员、举办竞技体育比赛等，国家在这一领域投入的公共财政资金数额巨大。

但是，2008 年以后，随着我国国家治理理念的转变，政府由管制型政府向服务型政府转变，更强调对大众公共需求的满足。随着我国社会经济发展，人民

---

① 联合国经济和社会事务部统计司. 产品总分类（CPC）[EB/OL].（2004-07-08）[2024-12-15]. https://unstats.un.org/unsd/publication/SeriesM/M_77ver1_1c.pdf.
② 体育概论编写组. 体育概论[M]. 北京：北京体育大学出版社，2013：22.
③ 黄世席. 国际体育运动中的人权问题研究[J]. 天津体育学院学报，2003，18（3）：21-24，52.

生活水平提高，参与体育运动的需求高涨。国家认识到在大众体育服务供给与需求方面的矛盾，进而调整政策，重视全民健身公共服务供给。近年来，全民健身公共服务愈发受到重视，在全民健身公共服务供给方面承担更多职能的体育社会组织也相应获得发展。

2. 政府体育治理体系变化

中华人民共和国成立后，建立了新的国家治理体系。在国家总体的治理体系之下，体育被赋予了政治功能，其中竞技体育尤其受到重视。对于历史上遭受欺凌和压迫的中华民族来说，急需通过体育展示国力，展示社会主义制度的优越性。加之当时的中国百废待兴，生产力发展水平不高，各类社会经济发展资源稀缺，因此国家只能把体育作为公用事业。在此定位下，国家采用行政计划配置各类体育资源，由国家财政支付体育发展所需资金，形成国家治理体育的自上而下的行政领导体系。在纵向上，县（区）以上政府部门都设有专门的体育管理部门，具体包括国家层面的国家体委，省（自治区、直辖市）、市、县（区）各级体育管理部门，它们共同构成我国纵向体育治理体系。各层级治理主体均同时开展竞技体育、大众体育治理工作。

改革开放后，国家不断实施政治体制和行政机制改革，随着全社会对于体育尤其是竞技体育观念的转变，我国政府集权式体育治理体系发生了变化。1986年，国家体委颁布《国家体委关于体育体制改革的决定》，开启了我国体育体制改革的进程，这一阶段的改革是在认同当时的集中统一治理模式的基础上，提出发动社会办体育的目标。1993年，国家体委通过《国家体委关于深化体育改革的意见》。再次启动改革，同步实施运动项目管理、训练体制、竞赛体制、群众体育和体育产业等具体领域的改革方案，明确改革目标为建立与社会主义市场经济体制相适应的体育体制。此后，我国体育治理体系开始逐步向政事分开、管办分离方向变革，对竞技体育和群众体育开始采用国家办与社会办并存的手段。1998年，国务院启动大规模精简机构的改革，在"精简、统一、效能"原则指导下，国家体委改组为国家体育总局，其内设机构减少到9个，但主要职责不变。各地体育行政机构也实施调整，有的保留体委并改成事业单位；有的撤销体委，改成地方体育总会；有的体委与教育、文化、卫生等部门合并作为政府部门[①]。基层体育管理部门与其他部门合并，推动了我国体育治理体系的深度变革。在国家、省和市层面仍设置体育局，行使体育管理职能，但在区县一级体育管理部门多被合并。以沈

---

① 李金龙. 论中西传统体育基本思维方式的特征[M]. 北京：人民体育出版社，2002：7.

阳市为例，原来的各区体委独立存在于各区政府部门中，与其他机构并行；改革后，被合并于文化部门，仅作为区级文化体育局的一个职能部门，负责开展体育管理工作，这时的基层体育管理尤其是大众体育管理出现弱化问题[1]。此后，经过2003年、2008年及2013年的行政管理体制改革，在国家推动大部制改革的总体布局下，体育治理体系也发生变革，市级层面启动了合并改革。以辽宁省为例，部分城市的体育管理部门与相应的文化、教育、广电、新闻出版等部门合并，如辽阳市文化广电新闻出版和体育局、朝阳市教育局（体育局）。

纵观我国体育治理科层体系的变化，在国家和省级层面，体育治理科层体系总体仍呈现"条块"式的治理结构，从条条来看，存在着业务主管部门的领导与被领导，即国家体育总局对各省体育局的管理；从块块来看，各省体育局还受省级政府部门管理。这两个层面的治理模式尽管几经变革，但仍然维持着体制刚性，变化不大。但是，受改革影响，到基层城市、区县一级，体育治理科层体系发生了变化，突破了体育条块限制，体育管理部门横向与其他部门合并，意味着体育治理科层体系在基层的松动，这也为基层社会力量参与体育治理提供了可能，同时也影响着体育系统政社关系。"纵向间政府的职权划分、上下级关系及是否拥有地方自治权力等，都会影响政府对社会的介入方式。"[2]因此，政府纵向权力结构成为影响政府与社会组织关系的重要变量。

4.2.2 多样化政社关系变迁

如前所述，体育作为公共产品，其属性随着社会经济环境变化而发生了很大变化，同时我国体育治理科层体系也随着多次政府体制改革发生变化，尤其是在基层的变化更大。这些环境的变化，使得我国体育领域的政社关系也呈现出复杂的态势，从时间脉络看，总体上表现为纵向的由"控制"到"合作"的变迁。但由于体育作为公共产品的特殊性及我国体育治理科层体系"上紧下松"的变化，并不适合笼而统之地对体育领域政社关系进行总体性描述分析，而应该结合我国体育治理科层体系进行分类研究。

我国政府治理体育在纵向上形成了"依靠自上而下的命令实施控制的压力型体制"[3]。在这一体制下，下级体育管理部门必须有效完成上级体育管理部门及同

---

[1] 冯火红. 地方政府群众体育行政变迁与发展研究[J]. 沈阳体育学院学报，2010，29（4）：10-13，17.
[2] 汪锦军. 纵向政府权力结构与社会治理：中国"政府与社会"关系的一个分析路径[J]. 浙江社会科学，2014（9）：128-139.
[3] 荣敬本，崔之元，王拴正. 从压力型体制到民主合作体制的转变：县乡两级政治体制改革[M]. 北京：中央编译出版社，1998：126.

级政府部门下达的任务和指标。有学者认为,从社会治理层面来看,压力型体制往往扮演着侵蚀社会的角色[①]。从利益角度分析,处于中央层面的国家体育总局和处于地方政府层面的体育局乃至市、县区的体育管理部门与社会之间呈现一种纵横交错的利益关系,这种利益关系进一步增加了政社关系的复杂性。

1. 举国性"同构依附"(从中华人民共和国成立到1992年)

中华人民共和国成立至改革开放的初期,国家将体育作为为国争光的政治性工具,举国上下都重视在国际比赛中获得金牌的数量,而普通大众的体育需求也通过国家福利事业方式得到满足。基于这样的认识,体育社会组织(当时主要是体育社团)都是由国家体委及各层级体委组建的,但是这些组织均同构于各层级的体育管理部门,实行的是"一套人马,两块牌子"的做法。虽然国家从1978年开始实施改革,但体育领域的改革普遍滞后于其他领域。虽然1988年国家体委开始探索"协会实体化",也选出登山、武术、网球等项目实施改革,但改革成效并不明显。这一阶段,在体育领域政府与社会组织之间的关系的总体状态是,全国上下各类体育社会组织均同构于体育管理部门。这样的制度设计,使得体育社会组织完全依附于体育管理部门,有社会组织之名,无社会组织之实,既不独立拥有人员、机构、办公场地,也没有独立的资金账户等。

2. 分化性"差异依附"(1993—2001年)

1993年后,总体来看,国家对体育的认识仍然是用于彰显国家实力的工具,重视竞技体育的投入,实施举国体制下的管理。但是,随着市场经济的发展,在大众体育方面,国家开始认识到大众体育产品在国家供给之外的力量,探索在国家科层化管理的同时,发挥基层社区力量,实现自我供给。国家体委发布的《国家体委关于深化体育改革的意见》提出"加快运动项目协会实体化步伐,逐步形成以单项运动协会为主的运动项目管理体制"。国家开始自上而下推动成立项目管理中心,而与各项目管理中心有关的运动项目协会则与其合署办公。相应的省、市也仿效国家体委,成立项目管理中心并将协会设立于相应的中心。这一阶段,从国家到省级层面,仍然实行同构体制,即各运动项目协会依附于项目管理中心。同构之下,体育社会组织依旧在人财物、合法性等方面依附于体育管理部门。

[①] 汪锦军. 从行政侵蚀到吸纳增效:农村社会管理创新中的政府角色[J]. 马克思主义与现实, 2011(5):162-168.

但此时，在市区以下层级，由于国家推行促进大众体育发展政策，以及《全民健身计划纲要》的颁行，社区体育获得发展，各地出现大量自发形成的晨晚练点，以晨晚练点为依托形成的体育社团开始发挥组织大众体育活动的作用。由于这些自发团体是为了满足基层群众需求形成的，所以天然具有独立性。因此，举国性"同构依附"关系在基层出现分化。但是，由于来自社会的资源非常有限，这些自下而上成立的体育社会组织尽管独立于体育管理部门之外，但仍需体育管理部门输入相应的资源。因此这些自发性组织在很大程度上依附于体育管理部门。

3. 依附与独立并存（2002—2012年）

2002年国家进一步深化改革，党的十六大对政府提出新的职能定位，明确提出建设服务型政府，这使各级政府开始重视公共服务供给职能，更加关注民生需求。尤其是在2008年中国举办北京奥运会后，全社会对金牌的执着情结有所变化，无论是政府部门还是基层群众，都开始从追求金牌转变为关注参与体育、维护健康，因此，体育管理的政策指向开始逐步将体育作为关乎民生的公共服务。对体育服务产品认识的变化，促使政府体育管理体制、管理方式产生变化。

改革的深化促使政府不断释放社会空间，激励社会自主性成长，促进基层社会自发形成体育社会组织。而且，随着社会资源的丰富、基层社会自主性的增强，这些自发组织自主筹集资源，以自我管理、自我服务的方式满足自身需求的特征愈发明显。因此，其发展的独立性凸显。

但是，从国家和省市级层面来看，尽管2008年后有改革体育管理体制的呼声，但由于"举国体制"在金牌生产方面的优势，加之对传统体制的路径依赖，单项运动协会与项目管理中心同构依附的状态依然持续。

4.2.3 当前体育社会组织治理中的政社关系（2013年至今）

2013年通过的《中共中央关于全面深化改革若干重大问题的决定》进一步明确了"社会组织治理创新的路径"。2015年印发的《行业协会商会与行政机关脱钩总体方案》规定"实行行业协会与行政机关全方位脱钩，完全分离和独立"。此后，逐步探索实行"一业多会"制度，放开商会类等四类社会组织的直接登记。为响应国家政策，国家体育总局2015年开始实施中国足球协会的脱钩改革，2019年进一步推动88个协会全面脱钩。2013年以来，上海、江苏等地区纷纷出台鼓励和扶持体育社会组织发展的政策，体育社会组织承接政府购买服务成为获取资源支持的重要方式。由于推动实施政府购买服务，各地政府开始积极培育社会组织，发展与其合作互动的实践，使政社关系在依附之外出现合作的新趋势。

从体育领域来看，尽管受国家政策推动，政府实施了体育社会组织改革，且这类改革在一定程度上转变了政府与体育社会组织的关系，但从当前来看，受政府体制路径依赖及体育管理体系中权力逐级衰减的影响，同时也受各地基层体育管理创新程度差异的影响，政府与体育社会组织的关系呈现出比较独特的面向，总体呈现纵向依附程度逐级减弱与合作程度逐级增强、横向依附与合作程度不一的特点，如表4-2所示。

表4-2 政府与体育社会组织的关系类型

管理层级	纵向	横向
国家	强依附	——
省级	强依附弱合作	区域差异小
市级	弱依附强合作	区域差异大

资料来源：作者根据研究整理而成。

1. 国家层面的强依附关系

国家体育总局从2015年开始，推动足球管理体制改革，启动中国足球协会脱钩改革。2019年，中国篮球、排球等28家项目协会开展脱钩改革。但因未能出台明确的改革方案，"大部分协会陷入了'搁浅'状态"[1]。这些原隶属于国家体育总局的单项运动协会处于脱钩改革进程中，大部分脱离了国家体育总局行政体系，但是目前的改革并不彻底，包括最先进行改革的中国足协在内的各单项运动协会仍然依附于国家体育总局，形成强依附关系。具体如下：

（1）单项协会管理仍未与总局厘清关系。

处于脱钩改革进程中的各单项运动协会在管理职能、人事关系等方面仍未与国家体育总局厘清关系。以中国足球协会为例，包括"足协领导提名与聘任、国家队建设、重大项目决策等依然把控在国家体育总局手中"[2]。这意味着尽管中国足球协会实施脱钩改革，但重大事项仍需依赖行政部门决策，这既表明改革不彻底，也表明脱钩后的单项协会仍然与国家体育总局保持较强的依附关系。

---

[1] 王家宏，蔡朋龙. 全国性单项运动协会社团法人实体化改革趋向与推进的法治化路径研究[J]. 体育学研究，2019（6）：1-14.
[2] 王家宏，蔡朋龙. 国家治理视阈下全国性单项运动协会改革与发展的现实审视与推进策略[J]. 成都体育学院学报，2018，44（6）：9-17.

（2）单项运动协会职能发挥受限。

单项运动协会在职能发挥方面受限。脱钩改革属于强行将原来同构于项目管理中心的各协会推向独立、推向社会，但由于长期的依附与同构，这类协会并未建立与其独立身份相适应的现代法人治理结构，加之长期以来依托于项目管理中心实施管理，造成其社会合法性不足、产权界定不清、非营利性活动理解模糊等问题，致使其职能发挥受限，开展工作仍离不开行政干预。

2. 省级层面的强依附弱合作

在我国省级层面的体育管理中，海南省于2000年实施大部制改革，将体育管理与文化广电出版等部门合并[①]，其他省、自治区、直辖市大多维持与国家体育总局的对口管理关系。因此，在推动体育体制改革方面，省级的行动与国家层面的行动类似，甚至有些地区滞后于国家层面的改革。近年来，在国家推动单项运动协会改革的同时，各省、自治区、直辖市也实施单项运动协会改革，2019年开始推动脱钩改革。但是，多数地区的单项运动协会受制于地方政府，在提高竞技体育成绩的政绩压力下，仍旧依赖于传统管理体制，治理创新的动力不足、能力不强，改革步伐缓慢。各地早已开始的基于政府购买公共服务的政社合作，在体育领域却较为鲜见。总体来看，东南部经济发达省份因为地方政府管理创新能力强，地方经济发达，社会治理理念先进，所以单项运动协会改革及其与政府合作效果好于其他省份。但从单项运动协会与政府的关系来看，呈现出的仍然是依附性强于合作性。

（1）体育社会组织与政府的强依附。

在各省级层面，单项运动协会的改革总体滞后于其他领域的改革。单项运动协会改革着力解决管理体制中条块分割问题，解决其与政府、与市场的关系问题。在我国行政科层体系条块分割的基本结构关系下，各省级单项运动协会具有"双重从属制"的特点。这样的体制造成单项运动协会在地方层面难以摆脱被条条、块块控制的局面。以广东省足球协会为例，2016年开始探索实施脱钩改革，但至今足协与足球运动中心仍旧同时存在，两个组织领导者"两块牌子，一套人马"的局面并未改变。改革的最大难题是人员的安置。尽管广东省足球协会设置了主持日常工作的秘书处及办公室和专项委员会，但由于广东省足球运动中心仍然保留公益一类事业单位性质，所以人员的身份有所差异，20名工作人员中，5人属于体制内，具有事业编制，另外从社会招聘了15名工作人员。改革的

---

① 佚名."小政府、大社会"大部制改革的海南实践[EB/OL]．（2013-03-11）[2020-03-20]．http://www.reformdata.org/2013/0311/24486.shtml．

办法是除领导外,遵循"自主选择""老人老办法""新人新办法"的原则,逐步将工作人员剥离,"逐步实现'两块牌子,两套人马'的格局"①。

此外,虽然广东省足球协会具有一定的足球运动市场化运作能力,但由于其会费的吸引能力有限,在收取会员费和有偿服务费上存在较大难度,因此其经费依然靠政府通过购买服务的方式拨付。因此,广东省足球协会实质上仍存在对政府的依赖。

(2)体育社会组织与政府的弱合作。

当前,各省的体育社会组织比较鲜有与政府合作的实践,仅有的探索也属于"依附式合作"②,即通过参与政府购买服务获得政府资源,但依然存在牺牲独立性和自主性、受到行政控制的问题。例如,广东省2016年印发的《广东省足球改革发展实施意见》明确规定"完善公共财政对足球事业发展的投入机制,通过政府购买服务等多种方式支持足球运动发展""加大体育彩票公益金支持足球发展的力度,设立省足球发展基金会,依法募捐、接受捐赠并资助足球公益活动"。因此,广东省足球协会在脱钩改革初期,仍然接受广东省人民政府的财政预算、体育彩票公益金支持,同时参与一些政府购买服务。广东省财政厅提出广东省人民政府向广东省足球协会购买服务的清单目录,开展基于政府购买服务的合作。广东省足球协会在2019年工作总结中指出,通过定向购买服务实现了广东省体育局向广东省足球协会购买广东足球事业管理和发展相关项目的组织实施③。我国改革开放最前沿的广东的足球协会与政府的合作尚且处于起步阶段,可以想见其他体育社会组织与政府的合作仍然属于依附性的弱合作。

3. 市级层面的弱依附强合作

随着我国机构改革及体育体制改革的推进,我国基层城市体育管理也逐渐发生变化。早在20世纪90年代,就有一些地方开始实施体育管理体制改革,将体育管理部门并入文化广电等部门。例如,1993年贵阳市花溪区将区体委与文化广播电视局合并组成区文体广播电视局④。当时的探索仅涉及少数试点地区,实践证

---

① 叶林,陈昀轩,樊玉瑶. 中国体育管理体制改革的困境与出路——基于足球改革的调查[J]. 中国行政管理,2019(9):50-55.
② 彭少峰. 依附式合作:政府与社会组织关系转型的新特征[J]. 社会主义研究,2017(5):112-118.
③ 黄心豪. 广东省足球协会将持续推进足球改革发展[EB/OL].(2020-01-21)[2024-12-19]. https://www.sport.gov.cn/n20001280/n20745751/n20767277/c21318665/content.html#:~:text.
④ 贵州省体委. 文体广电三家合一功能互补协调稳定——贵阳市花溪区体育机构改革调查报告[J]. 体育文史,1996(2):31-33.

明其并不成功，使体育工作的开展面临困难。2000年后，随着国家不断推进大部制改革，我国市级层面的体育管理机构几经合并、撤销、独立、再合并，总体呈现与地方文化、广电、新闻出版或教育机构合并的趋势[1]。因此，体育治理体系上下条条式管理方式在城市层面发生变化，也使得基层的体育行政干预减弱，地方政府的体育公共服务需求增强。近年来，我国城市居民的自主性增强，在城市基层社会自发形成大量体育社会组织。从体育社会组织的数量来看，在城市及其以下层级最多，这些组织有的选择挂靠于市级体育总会，并通过在民政部门登记注册取得合法资格；有的并不急于获得合法资格，而仅仅是作为会员的自发性互益组织存在。无论何种形态，这些组织都承担着自我服务和公共服务职能。这使得基层体育社会组织与政府的关系呈现弱依附强合作的状态。

（1）城市体育社会组织与政府的弱依附。

由于在城市层面体育行政管理力量因与其他部门合并而被削弱，所以基层政府在财政资金有限的情况下，很难给予基层体育社会组织财政资金支持。基层体育社会组织更多靠实行AA制筹集资源，靠社会捐赠开展活动、服务于社会。基层体育社会组织的总体状态是自我管理、自我发展，虽然在获得法律和行政合法性、场地设施、资金等方面也存在对政府的依赖，但部分发展较好的基层体育社会组织凭借自身的能力，获得来自市场和媒体支持，进而降低了对政府的依赖，相较于省级体育社会组织，其对政府的依赖程度比较低。

以沈阳市一个比较成熟的自发性体育组织——沈阳徒步协会为例[2]，由于尚未在制度层面建立与政府部门互动合作的关系，所以无法从政府部门获得行政、法律、政治等合法性制度资源。但是其采用建立内部制度规范、宣传主流价值观、依靠私人关系获得非正式支持等方式，彰显"政治正确"，获得行政、法律乃至政治合法性，通过获得企业赞助、开展商业合作的方式获得资金、物资支持。这样的运作方式，使得沈阳徒步协会不依靠政府也能长期稳定地运行。

（2）城市体育社会组织与政府的强合作。

近年来，随着我国深化体育治理体系和治理能力现代化，政府部门不断推动政府购买公共服务，一些城市的体育社会组织开始参与政府购买服务的实践，通过购买服务实现二者合作。

---

[1] 刘春华. 我国基层体育大部制改革历程及发展研究[J]. 河北体育学院学报，2018，32（4）：7-14.
[2] 冯欣欣，曹继红. 制度理性与生活理性：城市体育社团组织系统的比较研究[J]. 中国体育科技，2015（1）：104-120.

江苏省常州市在开展体育社会组织参与政府购买服务方面具有典型性。2014年江苏省与国家体育总局签订公共体育服务体系示范区合作协议,明确"加大政府购买服务力度"[①]。此后,常州市不断探索"政府主导、社会参与、全民共享"的体制机制,以吸纳体育社会组织参与政府购买服务的方式培育体育社会组织。2016年常州市发布《市民政局、市体育局关于培育发展基层体育社会组织的实施意见》,"明确基层体育社会组织登记、备案条件,简化程序,降低门槛,在数量上"每个城乡社区都有2个以上体育社会组织",为城乡基层体育社会组织管理体系和运行机制提出"组织健全、服务完善、运作规范、作用明显"的目标。2017年,常州市有32家企业和社会组织承接全民健身赛事活动与服务34项,其中,有10项由包括常州市足球协会、乒乓球协会、老年人体育协会等在内的各类体育社会组织承接[②]。

在城市层面,我国各地的差异比较大,经济发达地区用于社会发展的资金充足,基层组织的自主意识比较强,政府治理创新的力度也比较大,在对体育社会组织的培育和赋权方面要比经济欠发达地区进步。但是,总体来看,在我国城市层面的体育管理中,仍存在制度供给不足、政府权益难以割舍、体育社会组织能力不强等问题[③],因此,尽管在城市体育治理中,体育社会组织与政府部门合作强于省级层面,但这类合作以体育社会组织对政府部门的依附为前提,有学者将其称为"依附式合作",即"在实践中政府与社会组织形成形式上的合作关系,但实质上是依附于政府的伙计关系,存在依附与合作并存的政社关系"[④]。

4.3 我国体育治理中政社关系存在的问题

虽然在我国体育治理过程中,政府与体育社会组织关系呈现依附减弱、合作增强的趋势,但是,我们也应清醒地认识到,由于受到各种因素的影响,体育治理实践中政社关系仍存在诸多问题,这些问题直接影响政府对体育社会组织的治理。

[①] 佚名. 体育总局与江苏建设公共体育服务体系示范区合作协议[EB/OL]. (2014-01-01)[2020-03-21]. https://www.gov.cn/zhuanti/2014-01/01/content_2594109.htm.
[②] 于晨珺, 木木. 2017政府购买公共体育服务项目揭晓 共34项[EB/OL]. (2017-05-16)[2020-03-21]. http://jsnews.jschina.com.cn/cz/a/201705/t20170516_509017.shtml.
[③] 沈克印. 政府与体育社会组织协同治理的地方实践与推进策略——以常州市政府购买公共体育服务为例[J]. 武汉体育学院学报, 2017, 51(1): 12-19.
[④] 彭少峰. 依附式合作: 政府与社会组织关系转型的新特征[J]. 社会主义研究, 2017(5): 112-118.

4.3.1 金牌目标约束政社关系

尽管 2008 年后，国家和民众改变了以往对金牌的执着追求，但是从体育管理部门来看，竞技体育金牌目标尤其是奥运会的金牌目标仍然是其业绩的重要标示，也是建设"体育强国"的重要指标。部分体育界的学者和管理人员认为，奥运项目协会如果彻底脱钩，形成与政府部门的契约关系，体育管理部门就将无法对协会形成约束，金牌目标将受到冲击。因此国家和省级层面的体育管理者轻易不敢以牺牲金牌为代价实施改革、重构关系。这也是在省级以上层面政社关系表现出"强依附"的重要原因。

4.3.2 制度政策滞后影响政社关系

关于体育社会组织发展的制度政策主要包括社团管理方面的制度和社会组织税收优惠方面的政策。这两方面都存在滞后性，制约了体育社会组织与政府良性关系的建立。

首先，关于社会组织"非营利"属性的界定仍然存在模糊性。我国 2016 年修订后的《社会团体登记管理条例》第四条规定"社会团体不得从事营利性经营活动"。这一规定意在保持社会组织的"非营利"特征。这样的规定严重限制了体育社会组织的发展。如果社会组织与政府脱钩，则必然需要增强自我发展能力，尤其是对于我国大量自上而下成立的体育社会组织来说，如果不能开展经营、维持组织运转、履行公共服务职能，就必然需要依靠政府的财政拨款，而对政府资源的依赖，又难以保证二者建立基于平等的合作关系。例如，出于对政府资金的依赖，广东省足球协会脱钩改革不彻底，仍存在"足球运动中心+足球协会"的模式，未能达到上级部门提出的实现足球协会与体育管理部门脱钩的要求。

其次，难以真正落实税收优惠政策。各国为支持社会组织发展，都制定实施了专门针对社会组织的税收优惠政策，给予社会组织减免税收优惠。我国财政部和国家税务总局也出台了相关政策，但由于相关政策没有对社会组织范畴进行明确规定，所以税务部门缺乏对社会组织认定的可操作标准，申请程序烦琐，限制了对这类组织的认定。结果是社会组织免税资格认定比例极低，多数社会组织没有享受到税收优惠[①]。

---

① 黄建军，梁宇，余晓芳. 改革开放以来我国政府与社会组织关系建构的历程与思考[J]. 中国行政管理，2016（7）：35-39.

4.3.3 管理体制固化制约政社关系

20世纪80年代开始启动单项运动协会改革,但时至今日,仍未取得实质性进展,究其根源在于体育管理体制存在制度刚性,主要表现为团体利益博弈造成的同构格局和体育管理部门职能不清造成的关系模糊。

首先,利益团体的相互博弈,造成组织同构格局。新制度主义认为,一定社会中的制度是各种利益集团博弈和妥协的结果,"制度总与利益相伴相生"[①]。伴随着社会转型,社会集团开展利益博弈,制度随之发生变化,结果是引起社会资源的重新分配。我国体育社会组织改革尤其是国家和省级层面的单项运动协会改革,受制于各层级的项目管理中心。单项运动协会与项目管理中心同构的状态,使体育社会组织成为"半官半民"的机构,体育管理部门可以利用其行使权力,尤其是在人事任免和财务支出等重要事项上。同时,单项运动协会也乐于借助体育管理部门的力量垄断项目管理的事项、获取利益。这一体制无论是对体育管理部门还是体育社会组织都有利可图,因此,双方很难通过自身改革实现突破。

其次,体育管理部门职能不清造成的关系模糊。虽然在国家推动治理体系现代化进程中,推进政府向社会组织转移职能,但在实际开展过程中,存在两个方面的问题:一方面,体育管理部门职能转移界限不清晰。一些地方只对职能转移做了原则性规定,没有给出具体的依据和标准,缺乏操作性,造成职能转移过程中出现错位、缺位问题。另一方面,体育管理部门选择性转移职能。在体育管理部门向体育社会组织转移职能过程中,体育管理部门仍然处于主导地位,可以选择转移职能的时机和方式。以中国足球协会为例,作为在全国率先开展脱钩改革的试点,《体育总局关于中国足球协会脱钩后各类工作事项调整办理方式的实施意见》中明确规定,国家体育总局转移给中国足球协会的职能主要以行业性事务为主,但这些转移的事务终审权依然在国家体育总局手中。

4.4 体育社会组织善治的政社关系前提

在我国积极推动治理体系与治理能力现代化的背景下,实现对体育社会组织的善治的前提条件是理顺体育管理部门与体育社会组织之间的关系。

[①] 冯欣欣. 单项运动协会制度变迁的"锁定效应"研究[J]. 沈阳体育学院学报, 2017, 36 (3): 29-33.

4.4.1 转变"全能政府"观念

在计划经济时期，全社会都形成"全能政府"观念，认为政府无所不能。在这样的理念下建立了权力高度集中的体育管理体制。但是，资源依赖理论告诉我们，任何一个组织都不能脱离其他组织而独立存在，必然在资源方面对其他组织有所需求。因此，尽管体育管理部门掌握着合法性和减免税收等法律、政策资源，但在体育公共服务越发关注个性化需求的时代，其在公共服务差异化供给能力、各运动项目的专业知识、开展基层动员的社会合法性等方面存在明显短板。在这些方面，体育社会组织具备优势，因此政府部门必然在这些方面对体育社会组织形成依赖。资源依赖理论促使我们认识到"全能政府"观念的局限性，认识到在公共体育服务供给方面政府和体育社会组织各自具备的资源优势。"只有从观念上转变对政府和体育社会组织作用的认识，才能真正探索实施优化二者关系的制度变革。"[①]

此外，体育管理部门还需要转变对金牌的认识，从长远和发展的角度认识我国体育强国建设目标，不为一时的金牌目标所牵制。只有如此，才能真正放下包袱，实施单项运动协会的脱钩改革。

4.4.2 破除管理体制障碍

在我国大力推广治理体系和治理能力现代化的背景下，应推动体育治理体系现代化。国家治理体系是"与国家治理活动密切相关的各类主体、资源及制度构成的体系"[②]。国家治理体系现代化的核心是实现政府和社会组织"共管共治"社会事务，政府部门对其治理结构实施创新，对其治理方式开展革新[③]。实现体育社会组织善治，捋顺政府与体育社会组织关系，需彻底改革体育管理体制，破除体制障碍。体育管理部门需明确职能界限和职责范围，剥离过去大包大揽的权力。我们应按照国家印发的《行业协会商会与行政机关脱钩总体方案》的要求，逐步推动体育社会组织与体育管理部门在"机构、职能、资产财务、人员管理和党建、外事"五个方面的分离，实现在"综合监管关系、行政委托和职责分工关系、财产关系、用人关系和管理关系"五个方面关系的规范，按照国家治理现代化的要

---

① 冯欣欣，曹继红. 资源依赖视角下我国体育社团与政府的关系及其优化路径研究[J]. 天津体育学院学报，2013，28（5）：382-386.
② 薛澜，张帆，武沐瑶. 国家治理体系与治理能力研究：回顾与前瞻[J]. 公共管理学报，2015（3）：1-12，155.
③ 徐顽强，段萱. 国家治理体系中"共治共管"的意蕴与路径[J]. 新疆师范大学学报，2014（3）：21-25，2.

求,以"体育权力清单"为依据发挥宏观管理和监督职能。

4.4.3 理顺多重关系,营造社会组织发展的环境

首先,理顺体育社会组织发展的顶层设计与地方实际的关系。国家在制定法律政策过程中,应充分考虑如何实现政府与体育社会组织良性关系的建构,以便于整体推进体育社会组织改革;同时,也应该关注我国各地区发展的差异性,因地制宜,不搞一刀切,鼓励各地根据地方经济、社会和文化发展的实际,探索符合本地情况的体育社会组织改革模式。

其次,理顺政府监管与体育社会组织发展规律的关系。为促进体育社会组织良性、有序发展,政府有必要实施规制,但是规制的前提是尊重体育社会组织发展的内在规律,真正理解体育社会组织发展与地方经济社会发展、民间资本规模、地方文化传统等的内在联系。

最后,理顺政府培育与体育社会组织去行政化的关系。自上而下型体育社会组织在脱钩改革初期、自下而上成立的民间体育社会组织在发展的最初阶段,普遍存在资金、人力、场地设施资源方面的困境,因此它们都离不开政府的培育。但是,培育不意味着以行政权力干预这些组织,而是通过培育促进传统自上而下型体育社会组织转型转轨,实现去行政化;帮助自下而上成立的民间体育社会组织健康发展。需要注意的是,在政府培育过程中,应注意行政权力行使的边界,不能借培育之名、行干预之事。"政府只有在不干预的情况下,培育与扶持社会组织,才能真正促进社会组织快速健康发展。"[1]

---

[1] 黄建军,梁宇,余晓芳. 改革开放以来我国政府与社会组织关系建构的历程与思考[J]. 中国行政管理,2016(7):35-39.

第 5 章
体育社会组织培育的动因及其政策执行

在我国建设体育强国的进程中,体育社会组织作为新时代体育治理体系的重要主体,其力量不容忽视。在政府职能转变的背景下,体育社会组织承担着举办全民健身赛事、组织大众体育活动和承接公共体育服务等责任。但不容忽视的是,我国体育社会组织的力量普遍薄弱,因此亟待发动社会多元力量对其实施培育,更需要政府部门制定、出台相关培育政策,督促强化培育政策的落地执行,以培育政策及其执行提高体育社会组织能力。

5.1 体育社会组织培育的必要性与动机

体育社会组织培育是指政府及各级体育管理部门、社会乃至企业等为提高体育社会组织的组织能力,采用制定政策、提供资金与物质资源、培训人员等多种手段,创造有利于体育社会组织发展的环境、条件,促使体育社会组织提升能力、健康发展的过程。在我国体育治理体系与治理能力现代化进程中,在体育治理现代化方面培育体育社会组织有其必要性,从两大治理主体角度看有其动机。

5.1.1 培育体育社会组织的必要性

体育治理体系与治理能力现代化要求政府转变体育管理职能,改善公共体育服务供给,处理好各治理主体之间的关系。"治理能力现代化建设的重点就是处理好政府、市场、社会的关系。"[1]其中,处理好体育管理部门与体育社会组织的关系尤为重要,因为改革中剥离的大量的管理职能,尤其是公共体育服务供给等都离不开体育社会组织。受我国传统体育管理体制影响,当前我国体育社会组织的整体实力较弱,距离体育治理现代化的要求还有很大差距,因此亟待对其开展培育。

---

[1] 高小平. 国家治理体系与治理能力现代化的实现路径[J]. 中国行政管理,2014(1):9.

1. 承接体育管理部门转移职能

政府职能是指政府的职责和功能，规定"政府该干什么、有何作用、该怎么干"[1]。多年来，我国行政管理体制改革都围绕政府职能转变开展，随着国家治理理念的发展及社会、经济环境的变化，政府需要对其职能不断作出调整。国家对行政管理体制改革的推进，使人们认识到体育管理体制存在的问题，"管办不分、政企不分"作为体育系统架构的源头性问题，已成为学界的共识[2]。体育管理部门也在全社会的关注下推进职能转变。职能转变不意味着政府彻底不管，而是要将一些微观职能剥离给社会，体育管理部门主要承担宏观职能。其中，剥离的微观职能（如赛事承办、服务供给、活动开展等）需要由体育社会组织来承接。

2017年，国家体育总局开展了一系列重大变革，改革的目的是要由体育管理部门办体育转变为全社会共同参与办体育，动员全社会力量，最大限度地激发社会的动力、活力。社会力量中的中坚力量当属体育社会组织。但是，当前我国体育社会组织普遍存在一些问题，突出表现为"数量较少、力量较弱，承接政府转移职能的能力不足"[3]。我国每万人拥有社会组织的数量远远低于发达国家，甚至低于部分发展中国家。"发达国家每万人拥有社会组织一般超过50个，发展中国家一般超过10个。"[4]截至2023年12月31日，深圳市社会组织登记总数为10498家（正常状态），深圳每万人社会组织数接近10个，位居全国第一[5]。同时现有的体育社会组织普遍存在"三无"问题——无办公场所、无专职人员、无活动经费，自身缺乏"造血功能"[6]。促使体育管理部门转变职能的重要前提是加大对体育社会组织的培育力度，增加体育社会组织数量，提高其组织能力。

2. 加大公共体育服务社会化供给

伴随着我国行政管理体制改革，政府部门从"全能政府"开始转向建设"有限政府"和"服务政府"，公共服务的政府单中心供给模式向多元社会力量参与供

---

[1] 马凯. 以转变政府职能为核心, 深化行政管理体制改革[J]. 国家行政学院学报, 2008（5）: 4-9.
[2] 刘亮, 吕万刚, 付志华, 等. 新时期我国体育体制的理性化重塑——研究路径回顾与分析框架探索[J]. 体育科学, 2017, 37（7）: 3-9, 36.
[3] 周结友. 体育社会组织承接政府职能转移中存在的问题及对策[J]. 体育学刊. 2014, 21（5）: 36-42.
[4] 康晓强. 开拓社会组织发展新局面[EB/OL]. （2017-09-18）[2024-12-21]. http://theory.people.com.cn/n1/2017/0918/c40531-29540843.html.
[5] 李朝晖. 法治 智治 共治: 城市治理现代化的深圳探索与实践[EB/OL]. （2020-09-22）[2024-12-21]. http://views.ce.cn/view/ent/202009/22/t20200922_35790869.shtml.
[6] 同[2].

给转变。体育领域实施公共体育服务社会化供给比其他领域迟滞一些，2013年后，上海、广东、江苏等地开始先行先试的探索。2013年上海市闵行区人民政府向上海市闵行区体育总会、老年体育协会、太极拳协会、国际标准舞协会等购买体育比赛、交流、推广培训等服务。同年，广东省残疾人联合会向社会组织购买"组织举办全民助残健身日"残疾人体育服务项目[1]。以此为开端，政府购买公共体育服务的实践在全国各地展开。

从各地政府向体育社会组织购买公共体育服务的实践来看，普遍存在作为承接主体的体育社会组织因发育程度低[2]、能力弱而难以完成公共体育服务任务的问题。因此，从加强公共体育服务社会供给角度看，有必要对这类组织加强培育。

3. 提高自发性大众体育参与的组织化程度

改革开放后，随着社会利益结构与利益关系的不断分化，中国社会的利益主体和利益协调机制趋于多元化。受单位制解体的影响，基层社会大量出现陌生人社区，社区成员的利益需求呈现多元化特征。相应的利益协调机制也呈现多元化，出现"市场交换、社区成员自治等多种协调机制"[3]。这种转变使得基层社区成员更倾向于采用自治方式满足自身利益。基层大众体育兴趣差异更加明显，需求更加多元。国家规模化的公共服务供给显然难以满足个性化需求，而市场在这一领域也存在失灵问题。因此，自我组织、自我筹集资源、自我服务是具有相同运动兴趣的人们满足自身体育需求的最佳方式。伴随着休闲时代的来临，运动休闲越来越被人们所接受。与此同时，体育运动在现代社会具有的释放压力、强身健体等功能，也愈发吸引当代人。越来越多的人以成立自发性体育俱乐部的方式开展自我服务。遍布各地的基层体育社会组织尽管还存在能力不足问题，但也大大提高了自发性大众体育参与的组织化程度。

5.1.2 多元主体培育体育社会组织的动机

在体育治理体系与治理能力现代化背景下，体育社会组织培育需多方主体参与。培育的主要发起者是政府部门；培育的参与者包括社会组织孵化器一类的支

---

[1] 郭修金，戴健.政府购买体育社会组织公共体育服务的实践、问题与措施——以上海市、广东省为例[J].上海体育学院学报，2014，38（3）：7-12.
[2] 刘潇阳，冯欣欣，曹继红.经济欠发达地区政府购买公共体育服务政策执行的阻滞因素分析——以辽宁省为例[J].沈阳体育学院学报，2019，38（1）：74-80.
[3] 王星.利益分化背景下的城市基层社会秩序建构[J].学习与探索，2012（2）：40-42.

持型社会组织，以及以营利为目的的企业；培育的对象即被培育者是体育社会组织，既包括从体育管理部门剥离的官办体育社会组织，也包括基层自发成立的民间体育社会组织，部分民间体育社会组织有可能未通过注册或备案获取合法资格。对体育社会组织进行培育是多方主体动机契合的一致性行动。

1. 政府部门培育体育社会组织的动机

体育社会组织培育是在我国整体推进社会组织发展的背景下开展的，是"政府根据社会结构变化主动调整管理职能、管理理念和管理方式的产物"[1]。在政府部门培育体育社会组织方面，中央和地方体育管理部门的动机是有所不同的。

（1）国家体育总局。

作为我国体育事业的最高管理机构，国家体育总局推动体育社会组织培育的主要动机源于执行中央人民政府的决定，在体育系统贯彻落实中央人民政府关于体制改革的方针政策。国家体育总局前局长刘鹏在2014年国家体育总局系统全民健身工作会议上的讲话，充分表明了国家体育总局推动体育社会组织改革与培育的动机。他在讲话中强调"今年是贯彻落实三中全会精神的开局之年，认真学习、深刻领会、贯彻落实，全面深化体育事业改革创新，是摆在我们面前的一项重要任务""转变政府职能是本届中央人民政府的第一要务和重中之重，中央明确提出要按照建立中国特色社会主义行政体制目标，建设服务型政府""我国社会组织管理制度的改革，必然使现有的体育管理模式面临改革创新的新任务""用新机制充分发挥体育社会组织的重要作用，既加强培育扶持，又运用市场机制，激发体育社会组织活力"[2]这表明国家体育总局层面推动体育社会组织培育主要是出于执行中央人民政府的"转变职能"要求，是基于行政体系压力传导激发的动机。

此外，国家体育总局也认识到在我国市场经济不断发展、社会力量不断增强的背景下发展体育事业，需要通过动员体育社会组织积极参与，弥补国家在体育管理方面的资源不足，从而更好地满足多元化体育需求。2022年中共中央办公厅、国务院办公厅印发的《关于构建更高水平的全民健身公共服务体系的意见》提出"鼓励发展在社区内活动的群众自发性健身组织。将全民健身公共服务纳入社区服务体系，培育一批融入社区的基层体育俱乐部和运动协会"。2021年国务

---

[1] 许小玲，马贵侠. 社会组织培育：动因、困境及前瞻[J]. 理论与改革，2013（5）：39-43.
[2] 刘鹏. 刘鹏在2014总局系统全民健身工作会上的讲话[EB/OL]. （2014-05-28）[2020-03-31]. http://www.sport.gov.cn/n4/n305/c319109/content.html.

院发布的《全民健身计划（2021—2025年）》提出"加大政府购买体育社会组织服务力度，引导体育社会组织参与承接政府购买全民健身公共服务。对队伍稳定、组织活跃、专业素养高的'三大球'、乒乓球、羽毛球、骑行、跑步等自发性全民健身社会组织给予场地、教练、培训、等级评定等支持"。

（2）地方体育管理部门。

地方层面开展体育社会组织培育的动机比较多元，某些经济发展水平较高的地区，源于内在驱动，开展先行先试；而更多的地区则是既源于体育治理科层体系纵向层级的政策执行压力，也源于地方政府层面考核与政绩的驱动。

经济较为发达地区完善公共体育服务的需要。江苏省作为改革开放后经济发展持续加速的省份，十分重视公共体育服务供给，早在2013年就与国家体育总局签署建设公共体育服务体系示范区的合作协议，"不断推动政府购买服务，扩大公共体育服务供给"[1]。为落实政府购买公共体育服务，江苏省2014年印发《江苏省本级向社会组织购买公共体育服务暂行办法》，明确规定了社会组织参与政府购买应具备的条件。随着政府购买公共体育服务工作的推进，江苏省相关部门发现体育社会组织总量偏少、分布不均衡、网络化水平不高的问题日益突出，亟待破除政社不分、权责不清等体制机制性障碍，克服发展经费不足、服务能力不强、专职人员缺乏等发展瓶颈。为推动体育社会组织培育工作，2013年，江苏省印发了《关于培育发展基层体育社会组织的指导意见》，提出降低门槛、简化程序，采取登记或备案双轨形式加快培育发展基层体育社会组织。同时，江苏省不断加大对体育社会组织的扶持力度，设立体育社团发展专项资金，仅2013年13个省直辖市经费总计达1000万元以上；积极推行培育发展政策措施，江苏省体育局为30个体育协会提供办公场地，盐城、常州、扬州、宿迁等地的体育局也为一半以上体育协会提供办公用房[2]。近年来，为满足群众日益增长的体育需求，江苏省体育总会加快推进体育社会组织向基层和不同行业延伸覆盖，截至2020年底，全省建有县级以上体育协会4571个、民办非企业单位3562个，各乡镇（街道）基本建有体育总会、老年人体协、社会体育指导员协会和2个以上单项体育协会，建立了各级体育总会架构和遍布城乡的12217个体育社团，体育社会组织网络不断完善。

---

[1] 国家体育总局, 江苏省人民政府. 国家体育总局 江苏省人民政府 建设公共体育服务体系示范区合作协议[EB/OL]. （2014-11-03）[2020-03-31]. http://sports.people.com.cn/n/2014/0113/c22176-24105327.html.

[2] 刘敏. 江苏省体育局：创新推进体育社会组织改革发展[EB/OL]. （2013-10-29）[2020-03-31]. http://www.chinanews.com/ty/2013/10-29/5438662.shtml.

第5章 体育社会组织培育的动因及其政策执行

多数地区贯彻执行国家体育总局政策的动机。与江苏、广东、上海等地区相比，其他地区推动体育社会组织改革、培育体育社会组织发展，则更多是迫于国家体育总局的行政压力，被动地执行上级政策。在调研中，一些体育管理部门的工作人员表示，由于体育类的社会组织属于趣缘群体，无论政府部门是否培育，人们都会自发地组织开展活动，而且，大多利用免费的场地设施，所需经费不多，一般通过 AA 制解决，所以，"除非总局下发文件，否则不会主动将职能转移给体育社会组织，地方总会资金、场地不足，更不会主动培育体育社会组织"。

正因如此，某些地方体育管理部门及体育总会习惯于"摘桃子"思维，即对于体育社会组织并不进行实质性培育活动，而是发现社会上一些自发形成、经常开展活动、发育较好的社会组织后，会主动与其联系，动员其挂靠于体育总会，这样不进行任何培育工作即可获得相应政绩。

多数地区受考核与政绩推动。体育管理部门除了受我国行政管理体制中"条条"的上级主管部门管理，还受"块块"的地方政府管辖。如果地方政府将社会组织改革提上工作日程，作为推动行政体制改革的重点工作予以推进，就会将此项内容纳入地方各部门的考核范畴，作为评定各部门政绩的依据。例如，根据国家印发的《关于通过政府购买服务支持社会组织培育发展的指导意见》，2017年辽宁省制定出台《关于通过政府购买服务支持社会组织培育发展的实施意见》，提出通过政府购买服务，促进社会组织健康有序发展，提升社会组织能力和专业化水平，切实改善公共服务供给；辽宁省还公布实施了《辽宁省社会组织管理办法》。

"在国家政策推动下，辽宁省也出台政策鼓励社会组织发展，我们体育部门也得响应省委、省政府的号召，进行社会组织培育，比如用购买赛事服务、培训服务的方式补贴一些体育社团，促进他们发展。这些都写在了体育局的工作计划里，必须完成，否则年终绩效考核不过关。"

上述体育管理部门工作人员的谈话，真实反映出在我国行政管理体制下，一些政府部门受近年来绩效考核及政绩压力驱动，不得不有所作为，否则，将在政府部门一年一度的考核评比中落后，进而影响本部门的工作业绩和工作人员收入。在这样的激励之下，体育管理部门不得不开展一些工作，但通常开展的工作并不深入和系统，缺乏实效。

通过以上分析可知，政府部门培育体育社会组织涉及培育意愿和培育能力，"前者是国家主观控制意志的程度大小，而后者则是国家实现控制意志的手段和工具"[1]。就培育意愿而言，受全面推行国家治理体系和治理能力现代化影响，中央人民政府推动社会组织培育的意愿非常明确，不断出台各种政策措施，通过行政管理体制促使省级及以下各层级政府部门开展社会组织培育。由于体育管理体制改革具有滞后性，所以体育社会组织培育也滞后于其他领域，各地的培育意愿也有很大差异。培育能力与地方政府部门的治理能力、地方经济发展水平等息息相关，各地培育力度存在很大差异。总体来看，经济发达地区的培育能力高于经济欠发达地区。

2. 支持型社会组织培育体育社会组织的动机

支持型社会组织的概念最早由哈佛大学的Brown和Kalegaonkar于2002年提出，意指"动员社会资源，在组织间建立相互支持同盟的一类组织"[2]。我国对这类组织有孵化器及枢纽型社会组织等称谓，有学者认为，称谓不同，组织的功能也有所差别，与孵化器和支持型社会组织相比，枢纽型社会组织具有较强的行政属性，不仅承担孵化社会组织的职能，也承担社会组织管理职能[3]。因此，其职能更体现制度化的行政特性[4]。本书忽略其中的差异，将这类社会组织统称为支持型社会组织。这类社会组织参与培育体育社会组织既是出于其组织的使命与职责，也在一定程度上受国家政策推动。支持型社会组织是政府部门扶持和发展社会组织的重要手段。体育社会组织既接受来自一般性支持型社会组织的培育，也接受体育系统内部的支持型社会组织即体育总会的培育和支持。这两类组织实施培育的动机有所差异。

（1）一般支持型社会组织参与培育的动机。

我国支持型社会组织的实践始于2006年，在民政部和上海市人民政府的推动下，恩派公益组织发展中心（Non-Profit Incubator，NPI）（以下简称恩派）作为国内第一家公益孵化组织在上海成立[5]。恩派在组织官网上明示，"助力社会创新，培育公益人才"。2019年，恩派将自己的使命变更为"构建社会建设的支持体系"，并制定了"通过创新实践和持续倡导影响政策、资源、服务、空间、人才等生态诸要素，促进社会组织、社会企业和社区自组织的成长"的阶段性目标。截

---

[1] 许芸. 社会治理视角下的社会组织培育与发展研究——以江苏省南京市为例[D]. 南京：南京大学，2015：57.
[2] BROWN L. D, KALEGAONKAR A. Support organizations and the evolution of the NGO sector[J]. Nonprofit and voluntary sector quarterly, 2002(31): 2.
[3] 杨丽. "枢纽型"社会组织研究——以北京市为例[J]. 学会，2012（3）：14-19.
[4] 葛亮，朱力. 非制度性依赖：中国支持型社会组织与政府关系探索[J]. 学习与实践，2012（12）：70-77.
[5] 徐家良，卢永彬，曹芳华. 公益孵化器的价值链模型构建研究[J]. 中国行政管理，2014（12）：20-24.

至2019年,恩派已培育社会组织及社会企业逾千家,资助及支持各类公益机构超过3000家,培训了数万公益人才,其服务对象"涵盖养老、教育、环保、青少年发展等诸多领域"[1]。恩派的愿景及其发展历程,比较典型地表明支持型社会组织参与培育社会组织的动机。一些针对此类组织的研究也都论及社会组织培育机构负责人"促使社会力量的成长和队伍壮大的使命感"[2]。目前,此类社会组织开展培育扶持的领域集中于与社会发展福祉息息相关的养老、教育、环保、青少年发展等领域,对基于趣缘形成的体育社会组织鲜有关注和培育。

(2) 支持型体育社会组织参与培育的动机。

在体育领域,一般将支持型体育社会组织称为枢纽型体育社会组织。北京市体育总会在2010年被评为全国首家枢纽型体育社会组织,此后,"上海等多地陆续推进枢纽型体育社会组织试点"[3]。2014年,国家体育总局在国家层面推进各级体育总会建设,提出"将各级体育总会打造成为承担群众体育工作职能的枢纽型体育社会组织"[4]。开启了各级体育总会建设枢纽型体育社会组织的建设进程。《全民健身计划(2016—2020年)》将此写进计划,进一步推动体育总会作为枢纽型体育社会组织的建设。枢纽型体育社会组织的重要职能是培育各类体育社会组织。因此,其参与培育的动机主要源于政府部门改革的推动及组织自身对职能的履行。例如,北京市体育总会的枢纽型社会组织建设,是在北京构建枢纽型工作体系的背景下展开的[5]。2013年北京下发《关于加强区县体育总会"枢纽型"体育组织建设的意见》,提出逐步构建以市体育总会、区县体育总会和人群类体育社团、社区体协为基础的三级枢纽型体育社团组织网络体系。可见,北京市体育总会的培育工作是执行政府部门的指令。北京市体育总会在实际运作中发挥服务指导职能,"开展体育社团秘书长培训;帮助协会争取政策和经费支持;扶持、引导体育社会组织发展,设立'社团服务楼'为体育社会组织提供政策咨询和能力建设服务"[6]。

3. 企业培育体育社会组织的动机

近年来,随着企业社会责任意识的普遍增强,很多企业以各种形式参与社会

---

[1] 恩派官网. 关于恩派[EB/OL]. (2019-08-07) [2020-04-01]. https://www.npi.org.cn/about/synopsis.
[2] 许芸. 社会治理视角下的社会组织培育与发展研究——以江苏省南京市为例[D]. 南京:南京大学,2015:58.
[3] 郑华,何强. 技术治理逻辑下的枢纽型体育社会组织改革研究[J]. 成都体育学院学报,2018,44(6):80-85.
[4] 国家体育总局. 体育总局发文就加强和改进群众体育工作提出意见[EB/OL]. (2015-1-04) [2024-12-22]. https://www.chinanews.com.cn/ty/2015/01-04/6933531.shtml.
[5] 熊飞. 体育总会枢纽型社会组织建设的探索——基于北京的实践与经验[J]. 体育文化导刊,2017(8):28-32.
[6] 余永龙,刘耀东. 游走在政府与社会组织之间——枢纽型社会组织发展研究[J]. 探索,2014(2):154-158.

组织建设，而公益创投形式的跨界合作给社会组织培育注入了新鲜的血液。

2007 年，联想集团在我国首创公益创投社会组织培育模式，"通过'联想公益创投计划'，为初创和中小型的公益组织提供创业及发展资助"[①]。对于这一项目，联想高级管理人员表示，"联想公益创投计划，是联想企业社会责任战略的重要组成部分，是联想加大社会投入、引入创新公益机制的重大举措，……为有志于在中国公益领域创业的个人和机构提供关键支持，促进中国公益事业发展"[②]。这表明企业参与社会组织培育的首要目的在于表明企业的社会责任。从收集的资料来看，企业采用公益创投方式培育社会组织主要集中于教育、扶贫、环保等领域，对体育社会组织的培育比较鲜见。

5.2 体育社会组织的治理状况

为了系统、深入地掌握体育社会组织的治理状况，本书采用问卷调查法获取体育社会组织治理状况的数据。由于调查范围覆盖全国，在一些抽样省市难以直接联系体育管理部门或体育总会人员，所以只能采用滚雪球的方式抽样，通过这些地区相识的同学、朋友等结识该地区体育总会的工作人员，再通过体育总会工作人员寻找体育社会组织来发放调查问卷。笔者调研期间恰逢疫情肆虐时期，为便于发放回收调查问卷，用"问卷星"向全国 10 余个省、市的体育社会组织发放调查问卷，共回收有效调查问卷 237 份。其中，调查对象既有省级层面的体育社会组织，也有市级乃至更为基层的体育社会组织。此次调研比较全面地反映了我国省级和市级体育社会组织的发展状态。

5.2.1 体育社会组织治理状况调查方案设计

1. 体育社会组织治理状况调查问卷设计与检验

本次问卷调查的主要目的是了解省级及以下层级体育社会组织的治理状况。本书参考已有研究成果，将体育社会组织治理操作化为组织基本情况、组织规范性、组织自主性、职能履行四个方面。组织基本情况包括组织成立时间、人员规模、办公场地等；组织规范性包括组织内部分工情况和制定组织章程情况；组织

[①] 冯元，岳耀蒙. 我国公益创投发展的基本模式、意义与路径[J]. 南京航空航天大学学报，2013，15（4）：28-32.
[②] 佚名. 让爱心更有力量——联想公益创投计划 16 家入选机构公布[EB/OL].（2008-05-03）[2020-04-04］. http://sports.sina.com.cn/o/2008-05-03/17063638118.shtml.

自主性包括组织领导人选任、决策方式、人财物来源等。职能履行包括活动开展情况等。形成专家咨询表，经过征询校内外社会组织方面 8 名专家的意见，确定调查问卷结构和要素。设计最终调查问卷。

信度检验表明调查问卷具有较高信度。

2. 调查样本选择与调查问卷发放

由于我国体育社会组织数量众多，而且体育社会组织发展与地区人口、经济发展水平密切相关，所以本书借鉴我国人口地理学的"胡焕庸线"选择该线以东地域抽取包括辽宁、上海、浙江、江苏、福建、山西、广西、河南等省（市）的样本。由于调查的地域范围广泛，部分地区难以直接接洽体育管理部门人员或体育总会人员，只能在这些区域寻找同学、朋友等，作为接洽的人员，告知其调查目的，请其帮助寻找当地体育管理部门人员或体育总会人员，再采用滚雪球的方式获取更多体育社会组织负责人的联系方式。

调查问卷采用问卷星电子问卷形式，便于填答和回收，总计发放和回收 237 份调查问卷，问卷全部有效。通过问卷调查，获取体育社会组织治理状况及培育需求方面的一手资料。

5.2.2 体育社会组织的基本状况

1. 体育社会组织的成立时间

从所调查的体育社会组织来看，其成立时间大多在 2000 年以后，也有部分成立较早的省级体育社会组织，成立时间跨度为 20 世纪 60—90 年代。

从调查结果来看，成立时间与体育社会组织的性质有较大的相关性。一般省级的奥运项目协会成立时间比较早，成立时间集中于 20 世纪 80—90 年代；而市一级的非奥项目协会成立时间相对较晚。从项目来看，越是新兴项目，其协会组织成立时间越晚。

2. 体育社会组织的人员规模

被调查的体育社会组织会员数量普遍在百人以上，个别规模较大的组织会员数量可达到千人左右，如江苏省石锁运动协会、沈阳市柔力球协会、沈阳市轮滑运动协会、丹东东港市体育舞蹈健美协会、上海陈家沟陈式太极拳运动促进中心、上海市东亚青少年体育俱乐部、广西南宁市篮球协会、南宁市老年人武术协会等，而上海市跆拳道协会、上海市信鸽协会的会员数量甚至已达万人以上。同时，部分体育社会组织并未填写会员数量数据，这在一定程度上说明基层体育社会组织在管理中存在基础工作缺失问题。

除会员数量外，体育社会组织的工作人员数量也反映出组织规模。从调查的体育社会组织来看，多数组织的专职人员在5人以内，部分组织还不具备专职人员，兼职人员数量在几人至十几人不等。工作人员的数量与体育社会组织规模有关，规模越大，工作人员数量越多，但一般兼职工作人员居多，这与体育社会组织普遍资金有限，无法支付大量专职工作人员薪资有关。一些省级体育社会组织因为具有事业单位性质，所以专职工作人员的岗位相对配备齐全。

在相应的规模下实施管理需要进行分工，从调查来看，95.36%的组织具有明确的组织分工，仅有4.64%的组织没有明确分工，与组织规模较小有关系。

3. 体育社会组织的办公场地

从本次调查来看，在调查的237家体育社会组织中，回答具有固定办公地点的体育社会组织占85.65%，表明多数体育社会组织具备基本的办公场地条件；回答不具备固定办公地点的体育社会组织多为一些基层的体育社会组织。

5.2.3 体育社会组织的资源来源

组织社会学认为组织发展必须依靠资源，"这些资源是组织发挥功能达到社会结构情景要求所必需的生产要素"[①]。资源依赖理论认为任何组织生存都离不开其他组织，与其他组织之间存在互相依赖关系，组织间相互依赖所需的资源包括"人员、资金、合法性、顾客，以及技术和物资投入等"[②]。其中，最为重要的是人员和资金。体育社会组织生存和发展很大程度上取决于其资源状况。

本次调研的体育社会组织大部分获得了合法资格，其中，通过民政局注册的占72.15%，挂靠体育管理部门的占17.72%，选择其他的仅占10.13%。可见，从法律合法性来看，多数体育社会组织已经通过注册与挂靠的方式获得合法性。

从调查结果来看，体育社会组织的经费来源比较多样化。其中，选择体育管理部门拨款的占17.72%，选择会员捐赠的占16.88%，选择参与购买服务的占19.41%，选择获得企业赞助的占11.39%，选择其他社会组织援助的占0.42%，选择其他方式的占34.18%。

---

① 于显洋. 组织社会学[M]. 2版. 中国人民大学出版社，2009：17.
② 马迎贤. 资源依赖理论的发展和贡献评析[J]. 甘肃社会科学，2005（1）：116-119，130.

5.2.4　体育社会组织管理的规范性

民政部 2016 年修订的《社会团体登记管理条例》明确规定"社会组织成立应具备名称、章程、组织机构",因此组织机构状况及章程制定情况是体育社会组织管理规范的基本体现。

此次被调查的 237 家体育社会组织,选择具有明确分工的占 95.36%,表明绝大多数体育社会组织在管理上基本规范,能够按照分工实施管理。体育社会组织的组织章程是组织发展的基本依据,本次调研的体育社会组织中选择制定了组织章程的占 94.51%。从这两项数据来看,体育社会组织发展普遍具有基本规范性。组织规范是体育社会组织发展的基础条件,可为其发展壮大提供坚实的组织保障。

5.2.5　体育社会组织的自主性

近年来,在组织研究中自主性逐渐为学者所关注,但"还没有将其纳入组织研究的结构变量中"[1]。"政治学领域自主性已成为公共组织研究的一个流行课题。"[2]受我国传统集权式管理体制影响,行政力量始终在社会发展格局中处于主导地位,而社会组织处于依附地位。因此,社会组织自主性主要指社会组织摆脱对政府依赖的独立程度。相关研究将其具体化为社会组织具有的不依赖于政府而进行决策、管理和自我约束的权利与能力。张沁洁和王建平认为"组织自主性是组织的一种动态发展能力,这一能力包括人事、财务、活动、认知方面的自主和整体自主"[3]。本书关注的自主性即体育社会组织自我运行、自我管理、自主发展、自主决策、自我服务等行为。

从体育社会组织组织分工的确定方式来看,选择挂靠部门指定的体育社会组织仅占 11.81%,选择本单位管理人员决定的体育社会组织占 42.62%,选择会员大会决定的体育社会组织占 37.13%,选择其他的体育社会组织占 8.44%。在体育社会组织内部事务组织分工的确定方面,多数体育社会组织能够由自身决定。从体育社会组织制定组织章程的方式来看,58.23%的体育社会组织通过会员大会讨论制定,仅有 10.13%的体育社会组织通过挂靠部门制定。从体育社会组织负责人产生

---

[1] BROCK D M. Autonomy of individuals and organizations: Towards a strategy research agenda[J]. International journal of business and economics, 2003, 2(1): 57-73.
[2] 张沁洁,王建平. 行业协会的组织自主性研究 以广东省级行业协会为例[J]. 社会,2010,30(5):75-95.
[3] 同[2]。

的方式来看,选择通过会员大会讨论选举产生的体育社会组织占51.48%,选择本单位管理人员选举产生的体育社会组织占29.11%,选择挂靠部门指定的体育社会组织占11.39%,选择其他方式的体育社会组织占8.02%。从是否接受挂靠机构资金支持来看,40.51%的体育社会组织选择有接受,59.49%的体育社会组织选择未接受。从经费支出的自主性来看,选择需挂靠部门审批的体育社会组织占35.44%,其他64.56%的体育社会组织选择不需审批。从赛事活动举办来看,选择需向挂靠部门报批的体育社会组织占62.45%,其他37.55体育社会组织则选择不需审批。

5.2.6 体育社会组织的职能履行

体育社会组织的重要职能是举办各类大众健身及赛事活动。本次调查中,选择体育社会组织开展大众健身活动的频率为每月一次的体育社会组织占23.21%,选择每月2～3次的体育社会组织占19.83%,选择每月4～5次的体育社会组织占7.17%,选择每月6次以上的体育社会组织占20.68%,选择其他的体育社会组织占29.11%。总体来看,大多数体育社会组织能够坚持开展日常性大众健身活动。

除开展日常性健身活动外,大众赛事活动举办也是体育社会组织的重要职能。本次调查中,关于体育社会组织举办赛事频率,选择每季度1次以下的体育社会组织占29.96%,选择每季度2次的体育社会组织占22.36%,选择每季度3次的体育社会组织占10.13%,选择每季度4次及以上的体育社会组织占13.92%,选择每季度其他的体育社会组织占23.63%。这说明大多数体育社会组织能够开展大众赛事活动。而且,选择赛事活动的举办多数是本单位有计划开展的体育社会组织占69.62%,选择参与购买服务的体育社会组织占8.02%,选择应挂靠单位要求的体育社会组织占10.97%,选择其他的体育社会组织占11.39%。

5.3 体育社会组织发展的困境及其培育需求

5.3.1 体育社会组织发展的困境

伴随我国体育社会组织的发展,学界更加关注体育社会组织的发展困境,相关学者对各地体育社会组织进行研究发现,各市级体育社会组织"人事任免制度不健全、自治能力弱、实体化进程慢"[1],存在"资金、人才、场地设施等制约因素"[2],

---

[1] 沈国盛. 地方性单项体育社团发展模式创新研究[J]. 成都体育学院学报, 2008(6): 18-20.
[2] 汪流, 李捷. 北京市体育社会组织发展研究[J]. 北京社会科学, 2010(2): 59-63.

面临"外部法律、法规滞后致使法律地位不清,缺乏有效监督等问题"[①]。

从本次调查来看,调查对象主要是省、市乃至区级体育社会组织,这些体育社会组织在发展中面临与以上研究相似的困境。图5-1表明了各体育社会组织发展面临的困境。

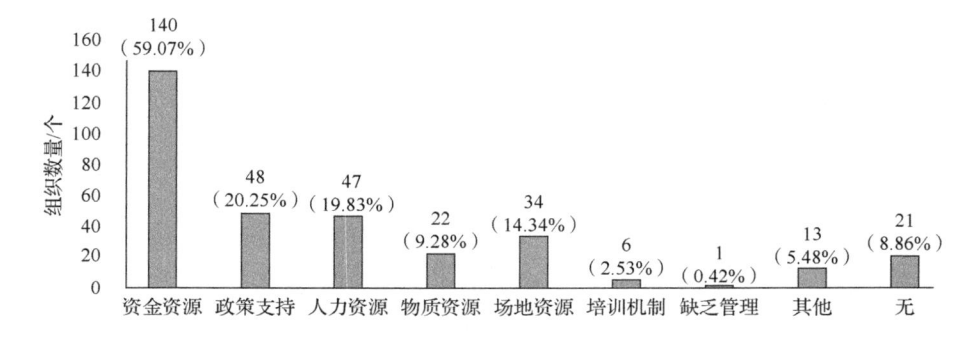

图5-1 体育社会组织发展面临的困境统计图（N=237）

（资料来源：作者根据调研数据整理而成。）

其中,选择资金资源的体育社会组织占59.07%;选择政策支持和人力资源的体育社会组织分别占20.25%和19.83%;选择物质资源和场地资源的体育社会组织分别占9.28%和14.34%。由此可见,对各级体育社会组织发展形成制约的主要是资源因素,这与以往的研究成果一致,表明时至今日制约体育社会组织发展的仍然是资源困境。此外,政策支持方面也存在不足,这主要体现在改革锁定效应上。尽管我国已经开展了近40年的体育管理体制改革,但由于原有计划体制的巨大惯性,我国体育管理体制长期存在对原有制度的路径依赖。体育管理体制改革推进乏力,各级各类具有合法资格的体育社会组织仍旧依附于各级体育管理部门。这样的同构关系严重制约体育社会组织的发展。

5.3.2 体育社会组织的培育需求

一直以来,学者将体育社会组织培育作为破解发展困境的手段,本书基于研究所发现的困境提出培育方面的策略[②③]。由于过往研究较少关注体育社会组织存

[①] 王旭光,杨莉,王迪佳,等. 我国地方体育社团的现状、面临问题和发展对策研究——基于建设多元公共体育服务体系的视角[J]. 天津体育学院学报, 2008, 23（4）：302-305.

[②] 杨志亭,孙建华,张铁民. 社会转型期我国草根体育组织发展的困境与培育路径[J]. 沈阳体育学院学报, 2016, 35（2）：66-70.

[③] 孟欢欢,李健,张伟. 政府培育社会体育组织的实践与反思——以上海为例[J]. 沈阳体育学院学报, 2018, 37（2）：16-22.

在的培育需求。本书针对接受调查的体育社会组织希望获得培育支持的项目，请体育社会组织按照重要程度排序，统计结果如表 5-1 和图 5-2 所示。

表 5-1 体育社会组织需要获得培育支持程度统计表（N=237）

类别	第一位	第二位	第三位	第四位
资金资源	65	37	7	2
政策支持	45	14	5	1
物质资源	4	12	5	1
场地资源	28	9	4	1
人力资源	36	14	7	3
缺乏管理	10	5	3	1
技术资源	12	7	0	0
理论资源	2	5	2	1
安全资源	0	1	0	0
其他	10	0	0	0
无	25			

资料来源：作者根据调研数据整理而成。

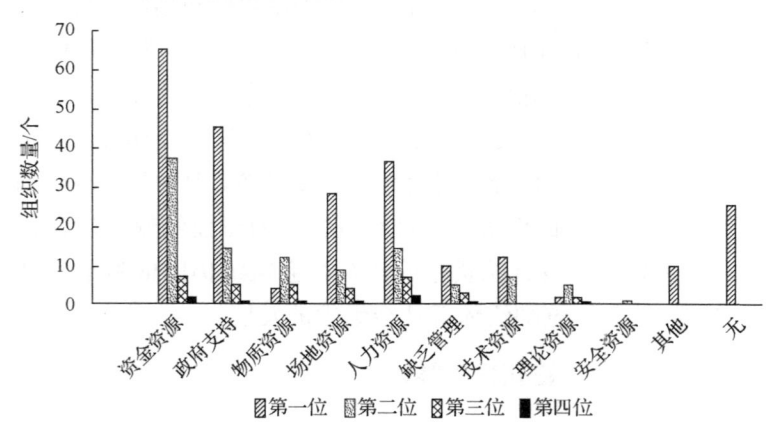

图 5-2 体育社会组织需要获得培育支持的项目的不同重要程度统计图（N=237）

（资料来源：作者根据调研数据整理而成。）

从表 5-1 和图 5-2 可知，体育社会组织最希望获得培育的项目是资金资源、政策支持、人力资源和场地资源。这几项在体育社会组织发展中至关重要，既是支持其运行的必备人财物资源，也是体育社会组织发展面临的主要困境所在。通过这些支持，可以使体育社会组织获得生存发展必备的合法性。例如，在政策支持方面，体育社会组织希望获得登记注册方面的帮助，以便获得法律合法性和行政合法性；政策支持也体现在对体育社会组织按照相关要求减免税收，减轻其运营的资金压力方面。在资金、物资、场地资源方面，体育社会组织希望获得资金、场地和物质资源的支持，以便具备开展活动的办公场地、设备及经费与物资等。人力资源直接与体育社会组织的发展能力相关，因此体育社会组织希望获得相关人员培训方面的支持，培养组织成员的项目管理、动员参与、资金筹措等能力。

5.4 体育社会组织培育的政策及其执行

5.4.1 我国体育社会组织培育的政策

1. 体育社会组织培育的政策工具

党的十八大针对我国社会组织改革提出"加快形成政社分开、权责明确、依法自治的现代社会组织体制"，这标志着我国进入社会组织管理体制改革的新阶段。此后，我国各个领域、各个省份纷纷出台培育和发展社会组织的政策，推进社会组织改革向纵深发展。在体育领域，随着体育管理体制改革的不断推进，以及国家政策的施压，相关部门也开始探索实施体育社会组织管理体制改革。受各地大众体育发展及人民参与全民健身热情不断高涨的影响，体育社会组织的数量不断增加，作用不断凸显，但仍存在规模小、能力弱等问题。当前，我国体育社会组织发展在很大程度上还依赖于政府支持，政府部门通过出台培育和扶持政策促进体育社会组织发展。从目前来看，我国北京、上海、广东、江苏等省市的体育社会组织发展良好，这与地方创新性制定执行国家政策不无关系。

在地方培育体育社会组织过程中，政策工具的选择成为关键。政策工具又称政府工具或治理工具。我国学者陈振明通过梳理国外关于公共政策工具的研究成果发现，关于公共政策工具的含义大致有"因果论""目的论""机制论"三种观点[1]。"政府工具简单地说就是指政府实现其管理职能的手段和方式。"[2]陈庆云认为政策工具是"连接目标和结果的桥梁，是将政策目标转化为具体行动的路径和机制"[3]，关系到能否实现政府的政策意图。

---

[1] 陈振明．公共政策分析[M]．北京：中国人民大学出版社，2002：47．
[2] 陈振明，等．政府工具导论[M]．北京：北京大学出版社，2009：18．
[3] 陈庆云．公共政策分析[M]．北京：北京大学出版社，2006：81．

在政策工具的理论研究中，关于政策工具的分类一直是重要的基础性研究。诸多学者提出不同观点，学者 Rothwell 和 Zegveld 在关于工业创新的公共政策研究中，提出将技术创新政策分为供给政策工具、环境政策工具和需求政策工具三大类[1]。他们的观点被我国诸多体育学者所采纳，用以研究中国的体育政策。加拿大学者霍莱特（Howlett）和拉梅什（Ramesh）则根据在提供公共物品和服务过程中政府介入程度的高低将政策工具分为三类：自愿性工具（Voluntary Instrument）、混合性工具（Mixed Instrument）和强制性工具（Compulsory Instrument）。在此基础上，学者陈恒钧和黄婉玲根据政府参与的直接性，将政策工具分为直接型、间接型、基础型和倡导型四种类型[2]，这一观点得到较多学者认同，但其在体育社会组织培育方面的适用性有限。

近年来，随着国家治理体系和治理能力现代化的推进，社会组织参与社会治理成为改善国家治理的重要途径。在社会力量较为薄弱情况下，如何培育社会组织成为学界普遍关注的焦点议题和研究热点。除一般性探讨社会组织培育的动因及存在的问题以外，已有研究从法团主义[3]、社会资本[4]、公民社会[5]、资源输入[6]、政策工具[7]等视角展开研究。在体育领域，学者基于治理理论[8]、信任理论[9]、文化变迁[10]和社会治理[11]等视角提出关于体育社会组织培育的观点。已有研究为我们分析体育社会组织培育提供了多维度、可借鉴的观察视角与理论工具。但是，对于我国这样一个具有强政府传统的国家来说，培育社会组织离不开政府，而政府发挥作用的重要手段是制定和实施公共政策，政策工具的运用直接关系到培育的措施与效果，因此，在对体育社会组织培育的研究中，政策工具理论无疑更具有解

---

[1] ROTHWELL R, ZEGVELD W. Industrial innovation and public policy: Preparing for 1980s and the 1990s[J]. Political science, 1981(3): 699.
[2] 陈恒钧，黄婉玲. 台湾半导体产业政策之研究：政策工具研究途径[J]. 中国行政，2004（75）：1-28.
[3] 秦洪源，付建军. 法团主义视角下地方政府培育社会组织的逻辑、过程和影响——以成都市 W 街道社会组织培育实践为例[J]. 社会主义研究，2013（6）：65-69，114.
[4] 赵罗英，夏建中. 社会资本与社区社会组织培育——以北京市 D 区为例[J]. 学习与探索，2014（3）：101-107.
[5] 蒋传光. 公民身份与公民参与：法治中国建设的关键要素——以社会组织培育为例[J]. 浙江社会科学，2014（6）：61-71，157.
[6] 杨继龙. 资源输入视角下社区社会组织培育机制研究——以 N 市 H 区为例[J]. 社会科学家，2016（7）：156-160.
[7] 王世强. 政府培育社会组织政策工具的分类与选择[J]. 学习与实践，2012（12）：78-83.
[8] 舒宗礼. 全民健身国家战略背景下社区青少年体育社会组织的培育与发展[J]. 体育科学，2016（6）：3-10.
[9] 王立杰，陈家起. 降序信任：体育社会组织培育的路径探察[J]. 山东体育学院学报，2016，32（5）：25-30.
[10] 张宏. 政府与体育社会组织：从主管、监管到合作、培育——从文化变迁的视角[J]. 广州体育学院学报，2017（5）：1-4，9.
[11] 孙哲，戴红磊，于文谦. 我国体育社会组织培育路径研究——基于社会治理的视角[J]. 西安体育学院学报，2018（1）：43-47.

释力。学者王世强从政策工具视角研究政府如何培育社会组织,将政策工具分为基础型工具、分配型工具、市场化工具和引导型工具四类[①]。本书借鉴此框架对我国体育社会组织培育的政策工具进行分析。

本书的政策文本主要来自各省、自治区、直辖市的民政厅(局)网站和体育局网站,以及社会组织信息网站、北大法宝网站,在设定的研究时限内按照发布单位和"(体育)社会组织""(体育)非营利组织""(体育)社会团体""(体育)民办非企业单位""(体育)基金会"等高度相关词语进行全文搜索,共采集了123份与社会组织和体育社会组织相关的政策文本,并按照以下原则进行筛选:①选择以省、自治区、直辖市政府及其直属的民政、体育部门为发文单位的文本;②按照研究的目的,选择2012—2018年发布的政策;③选择的政策文本包括法律、法规、规划、意见、办法、通知等;④选择与社会组织或体育社会组织培育与发展密切相关的政策文本。最终筛选出74份政策文本。

2. 分析方法——内容分析法

(1)分析单元设定。

政策内容量化分析的前提是对政策文献进行数字化转换处理,处理的方式是根据研究目的对政策文献进行单位化,即设定分析单元。政策文献的分析单元是政策内容量化分析中最重要、最小的元素,可以是独立的字、词、句、段落等[②]。在政策文本中,主题语段代表特定的政策主题,因此本书将分析单元设定为主题语段。

(2)分析类目设定及对应编码。

分析类目是包含分析单元的数据系统。构建分析类目是将政策内容资料转换为数字数据的过程,本书的分析类目主要依据政策工具的不同类型进行设定。

本书主要依据政策工具理论分析政策文本,对选取的政策样本进行研究,判断各政策所使用政策工具的类型,借鉴并发展学者王世强的观点,将政府培育社会组织的政策工具分为基础型政策工具、分配型政策工具、市场化政策工具和引导型政策工具四类[③]。

基础型政策工具是指政府为培育体育社会组织、促进其发展而提供的基础性条件。基础型政策工具如表5-2所示。

---

① 王世强. 政府培育社会组织政策工具的分类与选择[J]. 学习与实践,2012(12):78-83.
② 黄萃. 政策文献量化研究[M]. 北京:科学出版社,2016:74.
③ 同①.

表 5-2 基础型政策工具

工具类型	工具名称	工具含义	编码名称
基础型	放松管制	政府放松对体育社会组织的管制，采取政社关系变革、政府职能转移、放宽登记注册条件、鼓励参与公共服务等措施进行管理	变革政社关系 转移政府职能 放宽登记条件 鼓励参与公共服务
	建立法规、政策	政府通过制定体育社会组织培育行政法规、地方性政策等方式促进体育社会组织发展	制定培育法规或政策 制定监督法规或政策

资料来源：笔者根据相关资料整理而成。

分配型政策工具是指政府通过给予体育社会组织资金或物资资源的方式促进其发展。分配型政策工具如表 5-3 所示。

表 5-3 分配型政策工具

工具类型	工具名称	工具含义	编码名称
分配型	补贴	政府部门为体育社会组织提供运营经费或给予体育社会组织承担项目一定资金	提供经费 给予项目资金
	税收优惠	政府为降低体育社会组织运营成本，给予其免税或减税的优惠	减免税

资料来源：笔者根据相关资料整理而成。

市场化政策工具即政府利用市场机制支持社会组织的方式。市场化政策工具如表 5-4 所示。

表 5-4 市场化政策工具

工具类型	工具名称	工具含义	编码名称
市场化	政府购买	政府通过市场运作和合同契约方式将公共服务交给体育社会组织来完成并支付相应资金，具体方式包括公开招标、邀请招标、竞争性谈判等	公开招标 邀请招标 竞争性谈判
	凭单制	政府向居民发放在限定机构消费的现金抵用券，居民消费后，按照抵用券补偿服务提供者	现金抵用券

资料来源：笔者根据相关资料整理而成。

引导型政策工具是指政府引领和倡导体育社会组织以社会化的方式发展。引导型政策工具如表 5-5 所示。

表 5-5　引导型政策工具

工具类型	工具名称	工具含义	编码名称
引导型	赋能	政府采用提供咨询、培训和各种协助的方式帮助处于成长期的体育社会组织成长,如建立孵化基地或示范基地等	提供咨询 提供培训 孵化基地 示范基地
	伙伴关系	政府与体育社会组织基于资源互补、信息互通结成伙伴关系	结成伙伴

资料来源：笔者根据相关资料整理而成。

（3）信度检验。

为确保政策文本内容分析的准确一致，在进行文本分析之初，对参与分析的两位编码员进行编码信度检验。选择民政部 2016 年颁行的《财政部、民政部关于通过政府购买服务支持社会组织培育发展的指导意见》（以下简称《指导意见》）为例进行检验，因为这一政策文本结构清楚，内容比较明确，易于编码比对。结果显示，k 值约为 0.88，高于通过可靠性检验的标准信度 0.7，表明编码员的编码信度可靠。

（4）文本编码与数据统计。

对 74 份国家和地方的政策文本进行内容筛查，将符合划分标准的内容逐一纳入相应类别之中，进行政策文本的梳理并按编码归类，累计编码 375 条，其中，国家政策编码 129 条，北京政策编码 61 条，广东政策编码 64 条，江苏政策编码 18 条，上海政策编码 83 条，浙江政策编码 20 条。篇幅所限，仍以《指导意见》内容为例，展示编码表，如表 5-6 所示。因该政策直接指向政府购买方式，故没有采用分配型政策工具。

表 5-6　《指导意见》政策编码表

文件条目	政策工具	内容编码
坚持深化改革。加快转变政府职能，正确处理政府和社会的关系，推进政社分开，完善相关政策，为社会组织发展创造良好环境，凡适合社会组织提供的公共服务，尽可能交由社会组织承担	基础型	1-1-1 1-1-2
鼓励各级政府部门在同等条件下优先向社会组织购买民生保障、社会治理、行业管理、公益慈善等领域的公共服务	基础型	1-1-4
对市场竞争较为充分、服务内容具有排他性并可收费的项目，鼓励在依法确定多个承接主体的前提下采取凭单制形式购买服务，购买主体向符合条件的服务对象发放购买凭单，由领受者自主选择承接主体为其提供服务并以凭单支付	市场型	3-2

续表

文件条目	政策工具	内容编码
积极探索将绩效评价结果与合同资金支付挂钩,建立社会组织承接政府购买服务的激励约束机制	基础型	1-2-2
加强社会组织承接政府购买服务培训和示范平台建设,采取孵化培育、人员培训、项目指导、公益创投等多种途径和方式,进一步支持社会组织培育	引导型	4-1-2 4-1-3
有关部门要加强政府向社会组织购买服务的全过程监督,防止出现暗箱操作、层层转包等问题;加大政府向社会组织购买服务项目审计力度,及时处理涉及政府向社会组织购买服务的投诉举报,严肃查处借政府购买服务之名进行利益输送的各种违法违规行为	基础型	1-2-2

资料来源:笔者根据相关资料整理而成。

对375条编码进行整理后,形成政策工具使用频率统计表,如表5-7所示。

表5-7 政策工具使用频率统计表

工具类型	工具名称	编码名称	编码序号	全部政策使用次数 (N=375)	工具类型占比/% (N=100)	体育政策使用次数 (N=170)	工具类型占比/% (N=100)
基础型	放松管制	变革政社关系	1-1-1	32	39.5	18	46.4
		转移政府职能	1-1-2	26		13	
		放宽登记条件	1-1-3	24		12	
		鼓励参与公共服务	1-1-4	66		36	
	建立法规、政策	制定培育法规或政策	1-2-1	37	16.3	29	20.6
		制定监督法规或政策	1-2-2	24		6	
分配型	补贴	提供经费	2-1-1	23	11.5	8	5.9
		给予项目资金	2-1-2	20		2	
	税收优惠	减免税	2-2	23	6	9	5.3
市场化	政府购买	政府购买	3-1	8	8.3	8	7.6
		公开招标	3-1-1	8		1	
		邀请招标	3-1-2	5		1	
		竞争性谈判	3-1-3	10		3	
	凭单制	现金抵用券	3-2	3	0.8	1	0.6
引导型	赋能	提供咨询	4-1-1	8	15.5	3	10.7
		提供培训	4-1-2	21		9	
		孵化基地	4-1-3	20		3	
		示范基地	4-1-4	9		3	
	建立伙伴关系	结成伙伴	4-2	8	2.1	5	2.9
合计				375	100	170	100

资料来源:笔者根据相关资料整理而成。

3. 我国体育社会组织培育的政策内容

从表 5-7 可知，我国体育社会组织培育方面的政策工具使用存在明显差异。

首先，基础型政策工具使用的总量偏多。决策者偏好使用基础型政策工具，在全部政策中，使用的基础型政策工具占 55.8%；在体育政策中，使用的基础型政策工具占到 67%。近年来，我国社会组织发展的核心议题是改革，体育领域的社会组织更是如此。长期以来，体育社会组织尤其是国家和省级层面的体育社团，长期依附体育管理部门运行，因此对其改革首先需要捋顺政府与社会组织的关系，对社会组织进行松绑。因此，政府较多使用放松管制和加强立法方法。

其次，引导型政策工具使用较多，在全部政策中占 17.6%，在体育政策中占 13.6%。其中，对于赋能政策工具的运用尤为突出。这与我国体育社会组织普遍能力不足，需要国家通过提供咨询、提供培训、孵化基地及建设示范基地的方式予以扶持有关。可以看到，近年来，国家对社会组织（包括体育社会组织等）进行扶持的力度比较大。但在引导型政策工具中，建立伙伴关系工具使用较少，这在一定程度上反映了我国政府并未形成与社会组织的平等伙伴关系，二者还呈现此强彼弱的状态。

再次，是分配型政策工具。在全部政策中，分配型政策工具占到 17.5%；在体育政策中占到 11.1%。这说明在政府部门和体育管理部门中，还在使用一定比例的分配型政策工具，靠给予补贴和优惠税收给予社会组织一定的扶持。尽管还在使用分配型政策工具，但是其总量少于引导型政策工具。这表明在社会组织改革的大背景下，政府部门在努力以引导、扶持代替直接给予资金。只有通过引导和扶持，才能真正增强体育社会组织的生存能力，才能真正实现对这类组织的培育。

最后，市场化政策工具使用最少。市场化政策工具在全部政策和体育政策中分别占 9.1%和 8.2%。尽管近年来国家一直在推动政府向社会组织购买公共服务，也有专门的政策出台。但相比较来看，市场化政策工具的运用仍然还有空间。只有将市场化政策工具用好，才能真正增强社会组织自身的造血功能，实现培育目标。

5.4.2 体育社会组织培育政策的执行情况

以上分析表明，近年来我国各层级政府部门制定、出台了社会组织及体育社会组织培育的相关政策，这些政策的出台有效激励了各地对体育社会组织的培育。那么，这些政策落实的情况如何？对体育社会组织发展是否有所助益？笔者针对体育社会组织进行了相关调研。对于"贵单位所在地区是否有关于社会组织培育的政策"问题，有81.01%的体育社会组织选择有，另有18.99%的体育社会组织选择没有，这说明仍有地区未能开展社会组织培育。

我国体育社会组织培育政策主要包括解决资金困境的资金支持、税收优惠制度及通过政府购买服务间接给予资金扶持；解决合法性的放宽规制和放开一业一会制度；解决能力不足的人员培训政策等。

1. 解决资金困境情况

对于"体育社会组织挂靠单位是否给予资金支持"的问题，选择能给予资金支持的体育社会组织占40.51%，选择不给予资金支持的体育社会组织占59.49%。除直接给予资金扶持外，如能给予一定的税收优惠，将有利于缓解体育社会组织的资金困境。对于"贵单位所在地区是否实行了针对社会组织的税收优惠政策"问题，选择有的体育社会组织占58.23%，选择没有的体育社会组织占41.77%。通过进一步访谈得知，尽管有税收优惠政策，但是由于申请过程中对体育社会组织的资质、申请流程等要求苛刻，所以只有很少的体育社会组织能够通过申请获得优惠。

此外，近年来，我国各地通过开展政府购买公共服务的方式支持社会组织发展。政府部门向体育社会组织购买公共体育服务，间接为体育社会组织注入资金。可以说，越来越多地区的社会组织参与到这一模式中，获得资金扶持。在调研中，有71.73%的体育社会组织表示所在地区开展了政府购买公共体育服务，有28.27%的体育社会组织表示没有开展此类工作。通过分析问卷发现，北方地区基层体育社会组织多反映没有开展政府购买公共体育服务。从体育社会组织承接政府购买公共服务项目来看，有48.95%的体育社会组织表示承接过相关项目，有51.05%的体育社会组织表示没有承接过相关项目。从参与政府购买公共体育服务的方式来看，有27%的体育社会组织选择参与公开投标，有16.03%的体育社会组织选择购买部门直接委托，另外有6.75%的体育社会组织选择从多个承接者中遴选购买部门，有50.21%的体育社会组织选择其他，这表明多数体育社会组织未参与政府购买服务项目。

2. 解决法律合法性困境情况

近年来，我国针对社会组织管理实施了分类治理的策略，《中共中央关于全面深化改革若干重大问题的决定》明确提出"促进实施行业协会商会类、科技类、公益慈善类和城乡社区服务类社会组织依法直接向民政部门申请登记"。据此，一些地方开始实施针对这四类社会组织放宽规制的政策。对于"贵单位所在地区是否实行了社会组织放宽规制的政策"问题，选择实施的体育社会组织占64.98%，选择没有实施的体育社会组织占35.02%。对于"贵单位所在地区是否放开了一业一会制度"问题，选择实施的体育社会组织占56.96%，其余43.04%体育社会组织选择未实施。这两项制度是破除体育社会组织获得法律合法性障碍最为重要的手段，从被调查的体育社会组织来看，有些地方还没有完全实施，这不利于体育社会组织获得合法资格并得到发展。

3. 解决能力困境情况

社会组织的能力是指"社会组织利用资源，形成、制定和实施组织愿景、战略、使命和目标，为社会提供非营利性质产品和服务，……确保组织可持续发展过程中体现出来的潜能和素质"[1]。就体育社会组织而言，组织能力在很大程度上取决于其管理人员的能力、水平及其社会网络关系，而体育社会组织的管理人员的来源、背景、知识结构等参差不齐，因此需要通过有组织的培训予以提高。对于"贵单位所在地区是否开展针对社会组织管理人员的培训活动"问题，选择是的体育社会组织占84.39%，选择否的体育社会组织占15.61%。通过梳理调查问卷，发现选择否的大多属于基层体育社会组织，而基层体育社会组织往往缺乏相应的能力。这说明在体育社会组织培训方面，仍旧有提升的空间。

5.4.3 体育社会组织培育政策执行的困境

近年来，从国家到地方都开展了针对社会组织（包括体育社会组织）的培育工作，使体育社会组织有所发展，但培育政策执行并不顺利。通过以上体育社会组织治理状况及培育政策执行情况来看，体育社会组织培育还存在诸多困境。

1. 政社关系转型不彻底

政府作为体育社会组织最主要的培育主体，承担着资源提供与支持的责任，通过制定规则、支配财政资金方式，决定体育社会组织的存亡与发展。政府培育体育社会组织应在培育过程中，通过提供财政补贴、实施税收优惠政策、开展政府购买服务等方式让渡资源；通过促进职能转变、减少直接干预、实现权力向社会转移的方式让渡社会空间。但目前的问题是：政府并未按照理想方式处理与体育

---

[1] 马庆钰，等. 社会组织能力建设[M]. 北京：中国社会出版社，2011：3.

社会组织的关系，由于政府部门对权力的自利性，让渡并不充分。在体育社会组织培育中，体育社会组织对政府仍具有高度依赖性。

2. 承接培育职能的组织本身发育不良

承接培育职能的组织大多为社会组织服务中心、体育总会等，这些机构的工作人员多为体育管理部门退休人员或社会志愿者，兼职人员较多，专业管理人员较少，因此工作人员没有对体育社会组织培育的长远、完整规划。此外，这类组织的培育经费主要靠政府输入，政府一旦撤资，培育就会终止。因此，更多民间主办或运营的组织缺乏持续性。

3. 培育政策执行重量轻质

在各类大众体育发展的政策文本中，都强调每万人体育社会组织数量指标。体育社会组织培育实践大多取决于各地政府管理部门的偏好。各地将培育工作作为政绩工程，为了培育而培育，没有及时回应社会所需，未能在培育质量与类型方面进行科学严谨的选择。数量导向的培育工作在早期体育社会组织明显不足的情况下有一定合理性。但随着大众体育发展，各类体育社会组织已经获得一定发展，各地具备一定组织发展基础，此时不应再简单强调体育社会组织的数量，而应重视高质量发展。为服务政绩考核而强调数量指标的做法，会将体育社会组织培育引入歧途。

第 6 章

体育社会组织培育模式分析

近年来，我国大众体育发展迅速，各类体育社会组织数量和规模不断增长。体育管理部门不断加强体育社会组织改革和建设的力度，针对体育社会组织培育与发展出台政策，鼓励各类主体参与体育社会组织培育。从国家到地方的实践中，呈现出若干体育社会组织培育的模式，有的是比较传统的模式，如政府培育；有的是随着社会领域发育、自主性提升而出现的培育模式；有的是随着市场经济发展、企业社会责任意识提升而出现的新兴培育模式。尽管各类培育模式的运用和发展程度不同，但都对体育社会组织发展起到积极作用。

6.1 体育社会组织培育模式的内涵与分类

体育社会组织培育模式涉及"由谁、选择哪些及利用何种资源进行培育"的问题，根据我国学者的分析，有四种培育模式理论，即社会中心主义、国家中心主义、市场中心主义和共治性治理理论[1]。社会中心主义和国家中心主义基于"国家—社会"结构进行分析，关注社会组织与政府之间的关系及社会组织自主发展等议题。就社会组织的培育而言，学者们比较认同市场推动的观点[2]，主张以市场机制推动社会组织发展[3]。"国家治理体系与治理能力现代化"作为治国方略被提出后，治理理论得到重视，共治性治理几乎成为当前中国社会组织培育的公共政策与理论研究的主旋律[4]。

依据共治理论，社会组织培育是指政府、社会乃至企业等为提高社会组织的组织能力，采用制定政策、提供资金与物质资源、培训人员等多种手段，为社会组织发展营造环境、创造条件，使其提升能力，促使社会组织健康发展的过程。

---

[1] 王向民，李小艺，肖越. 当前中国的社会组织培育发展研究：从结构分析到过程互动[J]. 华东师范大学学报（哲学社会科学版），2018（6）：108-120，175-176.
[2] 宋世明. 工业化国家公共服务市场化对中国行政改革的启示[J]. 政治学研究，2000（2）：46-53.
[3] 韩俊魁. 当前我国非政府组织参与政府购买服务的模式比较[J]. 经济社会体制比较，2009（6）：128-134.
[4] 同①.

体育社会组织培育模式是指在促进体育社会组织健康发展过程中，培育主体、培育客体、运用手段、培育内容相对稳定的组合方式。尽管体育社会组织培育模式按照不同标准可以分为不同的类型，但因为体育社会组织培育主要涉及培育主体及其所运用的政策与资源机制，所以主要按照培育主体不同，划分为政府力量主导型培育模式、社会力量主导型培育模式、市场力量主导型培育模式。各类主体中，能够运用政策机制的主要是政府，目前来看，政府可采用的政策机制主要包括国家财政支持、政府购买公共服务和项目制。从资源配置机制来看，有政府孵化式配置、社会组织自主配置及市场配置。以下将主要以培育主体为依据阐述体育社会组织培育模式，分析每一培育主体模式下涵盖的政策机制与资源配置机制。

6.2 体育社会组织培育模式的类型

6.2.1 政府力量主导型培育模式

1. 内涵

政府力量主导型培育模式是指政府作为唯一培育主体，以服务于政府体育工作目标为核心，运用传统行政手段及购买公共服务、项目制等创新手段对体育社会组织实施培育的模式。在我国社会力量还比较薄弱、市场主体对社会责任及参与培育社会组织的认识不足的背景下，这是最为常见的培育模式，也是当前对体育社会组织培育发展作用最为明显的模式。政府力量主导型培育模式采用的支持手段包括政府直接投入财政资金、政府购买公共服务、项目制和政府孵化四种。

20世纪90年代体育管理部门认识到体育社团对开展体育事业的重要性，1995年颁行的《体育法》规定"国家鼓励、支持体育社会团体按照其章程，组织和开展体育活动，推动体育事业的发展。"体育管理部门认识到需要对体育社会组织进行帮助扶持，则是在2000年后，2001年发布的《全国性体育社会团体管理暂行办法》规定"对社团工作予以指导和协调，帮助社团提高自我管理和自我发展的能力"。2009年公布实施的《全民健身条例》规定"鼓励全民健身活动站点、体育俱乐部等群众性体育组织开展全民健身活动，宣传科学健身知识；县级以上人民政府体育主管部门和其他有关部门应当给予支持"，未明确提出培育、支持的方式等问题。

2014年下发的《国务院关于加快发展体育产业促进体育消费的若干意见》提出"推行政社分开、政企分开、管办分离,加快推进体育行业协会与行政机关脱钩,将适合由体育社会组织提供的公共服务和解决的事项,交由体育社会组织承担"。此后,2016年印发的《全民健身计划(2016—2020年)》提出"重点培育发展在基层开展体育活动的城乡社区服务类社会组织,鼓励基层文化体育组织依法依规进行登记"。这使体育社会组织培育成为实践领域的显性议题。各地在政府直接投入财政资金实施培育的方式之外,广泛探索开展政府购买公共服务和项目制。

近年来,随着国家加大社会组织改革力度,包括体育社团在内的各类社会组织加快实施与政府脱钩的改革。但是,由于多数国家级和省级体育社会组织长期依附于政府部门运行,脱钩后其生存发展面临困境。为帮助体育社会组织摆脱困境、发展壮大,政府应予以扶持。各级政府部门在培育扶持体育社会组织发展实践中,综合采用多种手段,包括直接投入财政资金、政府购买公共服务、项目制和政府孵化。其中,直接投入财政资金的方式在逐步减少,最为常见的方式是政府购买公共服务。项目制和政府孵化属于比较创新的方式,在体育领域应用不多。有学者认为,从政府角度来看,国家财政支持、项目制和政府购买公共服务实质上属于同一政策,以项目制方式开展政府购买公共服务,所需经费来自国家财政。其中,项目制属于方式与机制创新[①]。这三种方式加上政府孵化方式,均可用于"自上而下"和"自下而上"成立的社会组织。

2. 政府购买服务培育模式案例

以上海市足球协会为例,来说明在体育社会组织改革过程中政府培育模式的运作方式。

上海市足球协会成立于1957年。是上海区域内从事足球运动的组织和个人自愿结成的唯一的地方性、非营利性、体育类社团法人,承担本市足球事业发展公共管理职能,负责管理上海区域的足球事务[②]。从1994年起,上海足球协会与上海市足球运动管理中心实行"两块牌子,一套班子"的管理模式,接受中国足球协会、上海市体育局、上海市体育总会和上海市社会团体管理局的业务指导与监督管理。上海市足球协会是中国足球协会的会员单位,也是上海市

[①] 王向民,李小艺,肖越. 当前中国的社会组织培育发展研究:从结构分析到过程互动[J]. 华东师范大学学报(哲学社会科学版),2018(6):108-120,175-176.
[②] 上海市足球协会. 上海市足球协会简介[EB/OL].(2018-09-12)[2020-06-21]. https://sfa.com.cn/ryqjgbg/.

体育总会的单位会员，其主管部门为上海市体育局和上海市体育总会[①]。随着2015年《中国足球改革发展总体方案》出台，上海市也开始了针对足球及足球协会的改革。

2017年9月，上海市人民政府办公厅发布《关于贯彻〈中国足球改革发展总体方案〉实施意见的通知》，提出"创新足球管理模式。调整组建上海市足球协会，实行管办分离、政社分开，明确定位和职能，优化组织结构，健全内部管理体制和协会建设体系"，进一步明确"市足协与市体育局脱钩，不设行政级别，由市体育部门代表、地区和行业足协代表、地方联赛组织代表、知名足球专业人士、社会人士和专家等组成。改变市足协与市足球运动管理中心'两块牌子、一套班子'的组织架构。市足协在内部机构设置、工作计划制定、财务和薪酬管理、国际专业交流等方面拥有自主权"。

据此，上海市足球协会实施了相应的改革，调整了足球改革发展联席会议组成人员，进行了上海市足球协会第九届会员大会换届[②]，并制定了新的章程。此后，上海市足球协会实施了系列改革。但是在改革过程中仍然遇到一些困难，对足球事务的管理权限仍然不足，在推动改革过程中，面临深层次的人事管理问题，难以真正实现自我"造血"功能，资金压力较大。例如，上海市的足球管理机构有上海市足球运动管理中心和上海市足球协会，如果撤销足球运动管理中心，则其人员安置将面临很大困难，因为一旦上海市足球管理中心的工作人员调到上海市足球协会后便没有了正式编制，失去了回到体育管理部门的可能性，意味着将失去稳定的工作单位，因此一些工作人员不愿脱离上海市足球管理中心。此外，上海市足球协会仅依靠城市联赛和社会联赛获得的收入，难以维持运转。

对于上海市足球管理改革中引发的协会发展障碍，上海发布《上海市人民政府办公厅印发关于贯彻〈中国足球改革发展总体方案〉的实施意见的通知》，就相关问题作出相应部署。上海提出"适时撤销市足球运动管理中心。新建的上海足协将依法独立运行，在内部机构设置、工作计划制定、财务和薪酬管理、人事管理和国内外专业交流等方面拥有自主权"。2020年5月，上海市足球协会召开第九届第二次会员代表大会，会议调整了协会领导班子，柳海光当选上海市足球协会主席，范志毅等6人增补为副主席，另补充13名来自政府部门、职业俱乐部、

[①] 张兵. 地方足球协会运行机理及改革策略[J]. 体育科学，2017，37（11）：91-97.
[②] 上海市体育局. 第九届上海市足球协会第一次会员代表大会举行[EB/OL]. （2017-09-30）[2024-12-21]. https://www.sport.gov.cn/n14471/n14480/n14517/c828496/content.html#:~:text.

足球知名人士和社会企业代表作为新鲜血液充实到执委会[①]。

就资源不足问题，上海市政府部门对上海市足球协会予以一定扶持。上海市人民政府在上海市足球协会逐渐脱钩过程中，为其支付的公用事业经费不但没有减少，还有所增加，但经费支出的方式不是直接财政拨款，而是通过政府购买服务方式实现。2015年上海市出台了政府购买服务管理办法，就购买主体、承接主体、购买内容、预算内容、合同管理、绩效评价等作出规定。上海市人民政府依此向上海市足球协会购买上海市足球协会后备力量培养、承办群众足球赛事、青少年足球赛事，以及在足球普及工作等方面的服务，采用招投标的竞争性购买方式。

多年来，上海市政府部门一直采用政府购买服务的方式给予社会组织资金支持，进而促进社会组织建设，政府购买公共服务尝试采用项目制方式展开。上海市政府部门对体育社会组织的培育也体现在此。2012年，上海市出台《上海市市级政府购买公共服务项目预算管理暂行办法》和《上海市市级政府购买公共服务项目目录》（2013年度），从2012年起，开始探索以政府购买体育社会组织服务的方式举办市民运动会、市民体育大联赛和青少年阳光十项系列赛，政府购买服务由上海市体育总会组织招投标和效益评估。2014年，上海市出台《关于进一步加强本市社会组织建设的指导意见》，强调通过项目招标、合同管理、评估兑现等形式完善政府购买服务机制。2015年，上海市印发《关于进一步建立健全本市政府购买服务制度的实施意见》。伴随着政策出台，上海市体育局引入竞争机制购买服务、推进体育协会改革，一方面，政府部门把部分"办"的职能交给协会，另一方面，从"闭门办体育"到"开门办体育"，充分发挥了中介组织、行业协会等社会力量的作用，拓宽了群众体育的参与面[②]。

3. 项目制培育模式案例

项目制是指为应对20世纪90年代开始实施的分税制改革及满足政府转型的要求，而逐渐形成的一种既强化中央人民政府的宏观调控能力，又搞活微观主体的一种制度设计。经过二十多年的探索，项目制逐渐成为政府部门分配资源、引导方向的组织制度模式，被各级政府广为使用。项目制不仅是一种国家治理的

[①] 佚名. 上海足协新任主席已远离足球30年 商界融入接轨世界[EB/OL]. （2020-05-12）[2020-06-27]. https://www.sohu.com/a/394558519_463728.
[②] 上海市体育局. 管办分离、简政放权 上海市体育局与30家社会体育组织签约购买服务[EB/OL]. （2014-3-26）[2024-12-21]. https://www.sport.gov.cn/n14471/n14480/n14517/c683895/content.html.

方式，而且逐渐成为一种国家治理的机制[1]，已被广泛运用于公共服务的各个领域。政府向社会组织购买公共服务也经常采用项目制方式运作，它已成为培育社会组织的重要手段。

以上海市为例，经过多年探索，上海市已经初步建立了比较全面的制度化、规范化的政府购买公共服务操作规程，有效实现满足公众多元化需求的目标。有学者总结其向社会组织购买服务的模式是"分层项目制"[2]。这是上海实施政府购买公共服务的一条重要经验，分层是指政府科层体系的层级，上海市包含了市、区、街道三个层级。分层项目制下，区和街道具有一定的自主权。上海市级层面成立由上海市人民政府分管领导担任组长的领导小组，小组成员包括分管副秘书长、上海市财政局局长及相关部门分管领导，在财政局下设办公室。区级层面，各区也根据本区实际成立了不同的机构。例如，杨浦区以区民政局为主设立了相对松散的联席会制度；崇明区则仿效上海市人民政府的做法，由区政府分管领导任组长，建立了包括财政局局长在内的政府购买公共服务推进小组。各个街道也拥有一定的财政自主权，结合本地实际，形成各富特色的操作模式。

上海以这一模式实施政府向体育社会组织购买公共体育服务，有效培育体育社会组织。

4. 政府孵化培育模式案例

上海还着力推动建立社会组织孵化基地，培育枢纽型体育社会组织，探索对体育社会组织进行分类治理，建立枢纽节点管理类别、性质和领域相同的体育社会组织。上海市体育局积极开展与上海市社会工作党委、上海市社团局的横向合作，选取上海市社区体育协会和社会体育指导员协会开展孵化试点工作，推动两类协会联系、服务和整合各社区体育俱乐部及社区体育指导站，共同形成有机联系的组织网络，推动社区层面体育社会组织快速成长。根据国家制订的社会组织脱钩总体方案，上海市体育局联合上海市体育总会组织开展广泛调研，相继出台了《上海体育社会组织发展创新研究报告》《上海市促进体育发展财政专项资金管理办法》《推进管办分离，壮大体育社会组织专题报告》《上海市体育社会组织与行政机关脱钩试点方案》。

---

① 渠敬东. 项目制：一种新的国家治理体制[J]. 中国社会科学，2012（5）：113-130，207.
② 薛泽林，孙荣. 分层项目制：上海市推进政府购买公共服务的经验与启示[J]. 上海行政学院学报，2017，18（6）：50-58.

2017年，上海市体育局出台《2017年上海市市级体育类社会团体专项资金奖励意见》，目的是通过创新激励措施，激发体育组织活力；通过规范管理架构，引导体育社会组织的社会化、实体化、专业化、规范化和国际化发展，提升体育类社会组织公共体育服务的供给能力和水平。该文件首创以奖代补的体育社会组织孵化培育新模式，在推进社会组织规范化建设、构建社会组织枢纽式管理新格局中迈出重要第一步。依据该文件，上海市2017年度设立单项奖励及综合奖励名额共23个，最终有16个团体获奖。2018年进一步创新这一模式，奖励在承担政府职能转移事项和利用自身平台优势积极推动"奥运争光"及"全民健身"等国家战略实施中有突出贡献的体育社会组织[1]。

2019年，上海市体育局印发《2019年上海市体育社会组织专项资金奖励意见》，明确通过"以奖促建""以奖促律""以奖促管""以奖促育"的方式，不断促进体育社会组织朝着规范化、社会化、实体化、专业化和国际化方向持续健康发展。

上海市黄浦区、奉贤区等还探索建立体育社会组织服务中心，该中心"以满足社会组织的需求为出发点，充分挖掘服务中心的潜力；以加强社会组织的管理为着力点，不断完善服务平台制度；以丰富社会组织的活动为凝聚点，引导社会组织发展的主流意识"[2]，聚焦为体育社会组织发展提供服务，积极孵化、培育体育社会组织。

在孵化培育过程中，上海市探索建立体育社会组织综合服务监管体系。对体育社会组织实施规范化建设评估，按照建设情况划分不同等级。评估由上海市民政局、上海市体育局委托上海市体育总会进行，只有评估达到相应等级，才具备参与政府购买服务和享受优惠政策的资格。完善体育社团运行机制，要求体育社团定期召开会议，组织针对管理人员的培训，帮助其完善换届工作。建设运行上海体育公共服务平台，以信息技术实现强化社会监督，逐步建立起社团自律、社会监督、政府监管相结合的综合监管体系[3]。上海市还实行"社区体育社会组织枢纽式管理"[4]，促进社区体育社会组织发展。

---

[1] 姚勤毅，宋飞宇. 16家体育社会组织拿到真金白银，上海体育首创"以奖代补"改革举措将迎来2.0版本[EB/OL]. （2018-08-12）[2020-07-02]. https://www.jfdaily.com/news/detail?id=99568.
[2] 上海市黄浦区人民政府. 黄浦区体育社会组织服务中心喜迎市体育总会领导到访视察[EB/OL].（2018-01-24）[2020-07-02]. https://www.shhuangpu.gov.cn/yqyw/010001/010001015/010001015001/010001015001001/20180124/6fa5c795-0435-4e18-bd29-6f11685d531b.html.
[3] 上海市体育局. 管办分离、简政放权 上海市体育局与30家社会体育组织签约购买服务[EB/OL].（2014-3-26）[2024-12-21]. https://www.sport.gov.cn/n14471/n14480/n14517/c683895/content.html.
[4] 平萍. 上海探索"社区体育社会组织枢纽式管理"[EB/OL].（2016-10-19）[2024-12-22]. https://www.sport.gov.cn/n20001280/n20745751/n20767239/c21745606/content.html.

2018年上海市体育总会对全市161家市级体育社会组织进行排查，调查体育社会组织发展状况，并进行布局优化，以年检结果、财务管理状况、内部组织架构等为指标，对47家体育社会组织予以重点扶持，对77家体育社会组织予以改革调整，对37家体育社会组织予以整改或注销[1]。

6.2.2 社会力量主导型培育模式

1. 内涵

社会力量主导型培育模式是指以社会组织作为培育主体，以服务于成立与运行体育社会组织、开展大众体育活动为目标，运用向社会筹集资金、开展培训等手段针对体育社会组织实施培育的模式。从我国社会组织培育的实践来看，社会力量大多来自支持型社会组织。如果以2001年国内首家专门致力于培育"草根"社会组织、进行社会组织能力建设的机构——"恩玖信息咨询中心"成立为标志，那么这类组织发展至今不过20年[2]。由于其发展历史比较短，国内外还没有比较统一的称谓，而国外有学者称之为桥梁型社会组织[3]、支持型社会组织等，认为这类组织在扶持社会组织方面可以发挥关键支持作用，包括加强个人和组织能力、为社会组织发展筹集物质资源、提供信息和智力资源等，建立社会组织支持联盟，最关键的是可以跨越部门差异搭建合作的桥梁[4]。国内对其则有枢纽型社会组织、社会组织孵化器等称谓，但学界大多认同支持型社会组织的称谓。有学者将其界定为"制度上独立于政府和企业，致力于调动资源和信息，培养社会组织及其成员的能力，促使其在社会中建立横向和纵向联盟的民间组织"[5]。还有学者认为，这类组织主要是指为各类中小型和"草根"社会组织提供场地、设备、资金、技术、信息、培训等支持与服务的社会组织服务平台，或者面向中小型和"草根"社会组织，履行认证、评估等监管职能的专业性或联合性社会组织[6]。

---

[1] 周阳. 上海市全面梳理161家市级体育社会组织[EB/OL].（2019-01-28）[2024-12-22]. https://www.sport.gov.cn/n20001280/n20745751/n20767277/c21334331/content.html.

[2] 丁惠平. 居间往返：支持型社会组织的行动机制——以北京市恩派非营利组织发展中心为个案[J]. 贵州社会科学，2019（11）：51-57.

[3] BROWN L D. Bridging Organizations and Sustainable Development[J]. Human relations, 1991, 44(8):807-831.

[4] BROWN L D. KALEGAONKAR A. Support organizations and the evolution of the NGO sector[J]. Nonprofit and voluntary sector quarterly, 2002, 31(2):231.

[5] 丁惠平. 支持型社会组织的分类与比较研究——从结构与行动的角度看[J]. 学术研究，2017（2）：59-65，117-178.

[6] 祝建兵. 国内支持型社会组织研究：重点议题与研究检视[J]. 南京工业大学学报（社会科学版），2016（4）：106-113.

近年来，随着我国社会治理中社会自主空间的扩大，支持型社会组织有所发展，在实践中出现不同的组织类型。有学者按照支持内容将这类组织分为资金支持型、能力支持型、信息支持型、智力支持型、综合管理类支持型五种[1]。还有学者按照政府参与程度不同，将其划分为三种类型：①官方色彩浓厚的社会组织转型后形成的支持型（枢纽型）社会组织，如北京市体育总会等；②由政府扶持建立的新支持型社会组织，如社会组织服务中心、孵化基地等；③社会自发生成的支持型社会组织，如恩派等。前两种社会组织与政府互动较多，容易获得政府在合法性方面的认同与信任，第三种社会组织更具有自主性、独立性及专业性[2]。

近年来，国家对于依靠社会组织力量扶持培育社会组织愈发重视。2016年中共中央、国务院印发的《"健康中国2030"规划纲要》指出，"加强全民健身组织网络建设，扶持和引导基层体育社会组织发展。充分调动社会组织、企业等的积极性，形成多元筹资格局。注重发挥工会、共青团、妇联、残联等群团组织，以及其他社会组织的作用，充分发挥民主党派、工商联和无党派人士作用，最大限度凝聚全社会共识和力量。推进综合监管，加强行业自律和诚信建设，鼓励行业协会商会发展，充分发挥社会力量在监管中的作用"[3]。

2. 社会力量主导型培育模式案例

社会力量培育、扶持体育社会组织的实践主要通过支持型社会组织来开展，但从实际运作来看，多数案例来自枢纽型体育社会组织培育实践，由于体育领域中还未出现后两种类型的支持型社会组织，所以没有专门的培育案例，但是在各地出现零星的被培育案例。枢纽型体育社会组织的培育实践得益于上层的政策推动。《全民健身计划（2016—2020年）》提出"加强各级体育总会作为枢纽型体育社会组织的建设"。由于枢纽型体育社会组织体育总会与体育管理部门有千丝万缕的联系，甚至很多体育总会还是事业单位性质，其在人财物资源方面具有先天优势，所以其在体育社会组织培育中容易发挥作用。

（1）枢纽型体育社会组织的实践。

2008年，北京市出台《关于加快推进社会组织改革与发展的意见》，枢纽型社会组织概念被首次提出。该意见提出加强枢纽型社会组织建设。2010年北京

---

[1] 徐宇珊. 社会组织结构创新：支持型机构的成长[J]. 社团管理研究，2010，（8）：22-25.
[2] 陆海燕，洪波. 政府向支持型社会组织购买公共服务研究——以浙江省宁波市海曙区为例[J]. 内蒙古社会科学（汉文版），2012（3）：22-26.
[3] 佚名. 中共中央、国务院：扶持和引导基层体育社会组织发展[EB/OL]. （2016-10-26）[2020-07-05]. https://www.cswef.org/cswef/info/detail/id/39.html.

市体育总会被认定为枢纽型体育社会组织，明确其对同行业、同类型、同领域各类体育组织进行指导、服务和管理的职能。为培育体育社会组织，北京市体育总会发挥枢纽作用，建立秘书长工作例会制度、项目负责人制度、信息联络员制度等，加强与一般性体育社会组织（如各类体育社团、健身团队等）的联系[1]。2017年北京市体育总会会同北京市体育局制定、出台《健身团队备案工作的指导意见》，明确将各类健身团队纳入服务和管理范畴，通过加强健身组织备案工作，推进基层健身组织规范化、标准化建设，使其实现健康、有序发展。2019年，北京市体育总会印发《北京市星级全民健身团队评定办法》，鼓励全民健身团队进行备案登记并积极参评星级称号，规定根据星级称号级别对健身团队给予场地、培训等方面的政策扶持。

北京市体育总会为促进基层健身组织和团队的发展，于2013年开始组织开展"优秀健身团队交流展示"活动，搭建了健身团队交流平台[2]。北京市体育总会还向北京市财政部门及体育局等申请专项资金用于支持体育社团发展，北京市体育社团每年可获得北京市财政局260万元的经费支持，在赛事活动的市场开发上，每年也能获得约100万元的赞助支持。北京市体育总会以"北京市体育大会"和"优秀健身团队交流展示大会"为品牌活动，以各类活动引领和凝聚市、区县体育社会组织发展[3]。为培育和扶持体育社会组织发展，集中为基层体育社会组织提供政策咨询、培育孵化、能力建设等专业化服务，北京市体育总会专门设立了"社团服务楼"[4]。

（2）社会组织服务中心的实践。

社会组织服务中心是2010年后为服务社会组织发展，在各地政府支持下成立的负责为社会组织提供信息咨询、培训交流、评估等服务的支持型社会组织，一般由专业性较强的社会组织负责运营。一般情况下，这类服务中心面向各类初创社会组织开展培育服务，体育类社会组织也在其孵化培育之列。近年来，各地涌现了许多社会组织服务中心的实践探索案例，如苏州的社会组织服务中心、上海市静安区社会组织联合会等。

从发展状况来看，南京市的实践颇有成效。2009年南京市有社会组织13000家，

---

[1] 熊飞. 体育总会枢纽型社会组织建设的探索——基于北京的实践与经验[J]. 体育文化导刊, 2017（8）: 28-32.

[2] 北京市体育局. 首届北京市优秀健身团队交流展示大会举行[EB/OL]. （2013-06-24）[2020-07-05]. https://www.sport.gov.cn/n14471/n14472/n14509/c692928/content.html.

[3] 同①.

[4] 余永龙, 刘耀东. 游走在政府与社会组织之间——枢纽型社会组织发展研究[J]. 探索, 2014（2）: 154-158.

这些社会组织存在服务类别少、专业水平不高、开展公益服务的资源不足等问题，难以满足社会需求。当时缺少为社会组织提供支持的平台型组织。基于此，2009年10月南京爱德社会组织培育中心作为全国首家由政府和基金会联合筹办的平台型组织成立，该中心由南京市民政局与爱德基金会共同创立。爱德社会组织培育中心与政府合作，共同开展社会组织培育工作，双方分工明确，由政府提供政策支持，并提供资金、场地等资源，而该中心负责提供组织规划、项目管理、教育培训、能力评估等专业服务。由爱德基金会任命的主任负责该培育中心的日常运作，如果需要作出重大决策，则需爱德基金会和南京市民政局共同决定。

南京市栖霞区社会组织培育发展服务中心成立于2013年，由栖霞区民政局委托南京市爱德社会组织培育中心承接培育工作。成立的第一年，爱德基金会派出4位专职人员负责具体工作，区政府出面协调，为培育中心确定了工作场地，签订1年的合同，并投入70万元培育经费[①]。

栖霞区社会组织培育发展服务中心网站上的介绍如下：栖霞区社会组织培育发展服务中心由区民政局发起创办，立足栖霞社会服务需求，发挥政府、企业和专业社会组织的优势，以"政府支持、社会参与、独立运作"为原则，为栖霞区社会组织和社会服务的发展提供全面支持。本中心由爱德基金会进行全面管理和运营，面向社会组织开放展示、创益、助力、资源、运营和分享六大空间，充分整合政府、企业和社会资源，促进跨部门合作与创新，发挥行政支持、能力建设和公益资源三大平台的综合服务功能。该中心开展的服务项目包括"区公益创投""社会组织培育发展""社会组织公益平台建设""社会组织能力建设""社会组织行业评估""组织注册登记服务""公益创意"。

该服务中心在其网站上明确了社会组织培育发展的目标："为本地初创期社会组织和个人公益创业提供全方位服务支持，引导优秀社会组织落地栖霞，为栖霞区街道社会组织服务中心提供全面指导，培育健康公益生态环境。"申请培育的流程包括：①接受入驻申请，初步筛选；②该服务中心对申报组织进行实地考察；③专家评审；④公布拟入驻组织名单；⑤签订入驻协议，培育工作启动。

并非任何社会组织都能获得培育，该服务中心规定的申报条件包括：①性质为非营利性；②提供的服务为社会急需的；③发展处于初创期或瓶颈期；④负责人具有较高的综合素质和较强的能力；⑤具备相对稳定的工作团队；⑥负责人

---

① 许芸. 社会治理视角下的社会组织培育与发展研究——以江苏省南京市为例[D]. 南京：南京大学, 2015.

公开财务报告、接受财务监督等。

　　该服务中心对社会组织的培育督导作用明显。体育活动是社会组织开展的诸多活动之一，因此该服务中心网站上经常刊登成功培育的体育社会组织案例。栖霞区社会组织培育发展服务中心一直致力于在全区内挖掘有发展潜力的社会组织，提供培育、助力、发展服务，并给予社会组织一定的资源，同时面向整个南京市为栖霞区引入优秀的社会组织，旨在将优秀的服务项目落地于栖霞区的街道和社区，满足栖霞区的服务需求，提高服务的专业性和创新性，进一步促进全区的社会服务。

　　2017年5月，"守护稚爱、益动栖霞"项目公开招募，共计9家青少年服务类组织递交了10份项目书。结合专家评审意见及2017年度栖霞区社会组织培育支持计划，最终选择7家组织入围。其中，南京市栖霞区蓓享阳光成长服务中心具有代表性。该中心关注拆迁居民和外来务工人员混合居住、人口流动比较频繁的栖霞区马群街道，发现生活在复杂环境中的青少年更容易受到伤害。该中心以马群街道的青少年作为服务对象，围绕青少年的学业指导、道德及品格辅导、社会交往指导、健康成长指导等方面，建立个人支持系统，并提升青少年的自信心，使其在学校、家庭和同辈群体中都可以获得支持，形成健全人格并回馈社会。该中心在暑假期间分别开展了"两点半课堂""暑期夏令营""重阳敬老""家长课堂"等不同主题的社会工作专业服务活动。"暑期夏令营"开展了包括"趣味轮滑"在内的系列活动，以此丰富青少年的暑期生活，培养青少年健康的兴趣爱好，让青少年能够更好地认识自己，提高其自信心，并在活动中发展青少年的人际交往能力。

　　（3）社会自发生成的支持型社会组织实践。

　　在我国自发形成的支持型社会组织中，恩派具有较高的知名度。该中心成立于2006年，是中国领先的支持型公益组织，获民政部评定的5A级社会组织和"全国先进社会组织"称号，其服务领域包括公益孵化、政府购买评估、社会组织能力建设等，合作伙伴涵盖各级政府、基金会和全球五百强企业等各类组织。该中心秉承"助力社会创新，培育公益人才"的初始使命，大胆探索社会建设领域的制度创新，首创公益孵化器模式，并用于培育社会组织，迄今已培训数万名公益人才，资助及支持了超过3000家公益机构，孵化超过1000家社会组织及社会企业，涵盖养老、教育、环保、青少年发展等诸多领域。该中心扶植的多家机构，如"新途""手牵手""青翼""歌路营""乐龄""百特教育""瓷娃娃""雷励""爱有戏""益众""十方缘""绿主妇""益宝""翠竹园""益修"等已成为中国公益领域的知名品牌[①]。2019年该中心在其初创阶段的使命基础上，发展出新的愿景使命，即"构建社会建设的支持体系""平衡、信任、共建、共治、共享的社会"。

社会组织孵化器的概念是借鉴市场经营中的企业孵化器（Business Incubator）发展而来的。企业孵化器于1959年诞生于美国，是指为提高创业企业经营的成功率而成立的主要为处于初创期的企业提供研发、生产、经营场所、相关资讯、政策、法律及销售渠道等支持的机构[②]。恩派效仿企业孵化器模式创设的公益孵化器模式具有可复制性，截至2019年，恩派除在上海的总部外，业务范围北至大连、北京、天津，南达广州、深圳、珠海、东莞，西至成都、昆明，中部包括长沙、武汉、宁波、杭州、南京等。恩派的主要业务包括社会组织培育和中介服务。

在社会组织培育方面，恩派以"社会力量兴办、政府政策支持、专业团队管理、政府和公众监督、公益组织受益"作为基本模式开展服务，为社会组织提供的支持包括办公场地、设备、能力建设、小额补贴、注册协助等多个方面[③]。恩派在扶持组织注册成立方面形成了比较成熟的模式，按照发起人是否具有从事公益事业的资格及项目是否可行的标准对预资助项目进行遴选；为遴选出的组织提供办公场地及设备等；采取定期培训、举办沙龙和研讨会等形式，为孵化的社会组织提供撰写计划书、管理志愿者、项目管理、公益营销、组织战略规划、财务管理等诸多帮助；为解决社会组织资金不足问题，为还未入驻孵化的社会组织提供资金支持，视组织发展情况提供小额补贴；设有公益创业导师，为初创期组织提供管理咨询服务；通过公益交流展示会的方式发挥中介功能，为社会组织搭建沟通交流的平台，着力解决公益领域信息与资源不对称问题；开展财务托管服务，授予被孵化组织使用恩派财务账号和公章的权利，提高组织的财务公信力，进而确保其获得社会支持；还使用研发的评估标准，对入孵的社会组织实施成长评估，经过自评、互评、结果分析、制订行动计划四个阶段，帮助其明确发展状况，确立发展目标。

在恩派开展的活动中，体育成为一种手段，如由摩根大通和恩派携手发起的"新烁"计划，此项目旨在帮助非重点大学的优秀学生进入新兴数字行业。这是一个为大学生量身打造职业规划和指导平台，通过线上线下系列技能培训、实践

---

① 恩派官网．关于恩派[EB/OL]．（2019-08-07）[2020-07-10]．https://www.npi.org.cn/about/synopsis.
② 邱宣．美国企业孵化器发展及对我国的启示[J]．东北亚论坛，2006，15（5）：31-35.
③ 杨名．支持性社会组织与产业化公共服务供给系统——恩派（NPI）公益组织发展中心个案研究[D]．杭州：浙江大学，2014.

活动，以及导师、同伴的陪伴辅导，帮助大学生学习数字行业就业所需的知识和技能。2019年9月，在中国壁球公开赛举办期间，近30名"新烁"计划的毕业生与壁球世界冠军阿里·法拉格进行交流，这可以帮助即将步入社会的大学生们了解体育竞技精神和壁球运动的独特魅力，塑造优秀和坚韧的性格品质[1]。

6.2.3 市场力量主导型培育模式

1. 内涵

市场力量主导型培育模式是指以体育市场中的企业作为培育主体，主要由某一企业出资或由某一企业向同类企业筹集资金，提供人力资源等对体育社会组织实施培育的模式。我国关于社会组织发展的传统观念认为，社会组织属于非营利领域，或者由政府发起成立，或者由公民自发组织成立。社会组织的非营利属性决定了这类组织与市场组织的根本差异，因此，社会组织可以接受企业捐赠。但目前企业参与社会组织培育还未得到相关学者关注。这类社会组织培育的形式主要包括：一是企业与社会组织形成跨部门联盟；二是社会企业。

2. 市场力量主导型培育模式案例

（1）企业与社会组织形成跨部门联盟。

近年来，随着对企业承担社会责任问题的关注，企业开始与利益相关的其他组织合作，其中社会组织是一种重要类型。企业与社会组织的合作是改善企业社会责任绩效的基础，也是获取资源的基础[2]。现代企业与政府、社会组织合作，形成跨部门联盟[3]。Sakarya等研究认为，企业与社会组织形成跨部门联盟，实现了社会组织与企业的资源互补、互相学习，从而构成双赢的合作形式[4]。国外学者将企业与社会组织联盟合作方式分为七种类型：企业慈善、企业基金会、许可协议、赞助、基于交易的营销、联合推广及合作经营[5]。企业慈善是指企业设立慈善预算

---

[1] 佚名. 坚持成就梦想，壁球世界冠军助力大学生筑梦前行[EB/OL].（2019-09-05）[2020-07-13]. https://www.npi.org.cn/info/news?id=1186272239961137152&tabIndex=0.

[2] 荣奎桢，陆奇斌. 企业与社会组织联盟研究综述——基于企业社会视角[J]. 管理现代化，2020（2）：116-118.

[3] SELSKY J W, PARKER B. Cross-sector partnerships to address social issues: Challenges to theory and practice[J]. Journal of management, 2016, 31(6): 849-873.

[4] SAKARYA S, BODUR M, YILDIRIM-ÖKTEM Ö, et al. Social alliances: Business and social enterprise collaboration for social transformation[J]. Journal of business research, 2012, 65(12): 1710-1720.

[5] WYMER W W, SAMU S. Dimensions of business and nonprofit collaborative relationships[J]. Journal of nonprofit and public sector marketing, 2003, 11(1): 3-22.

并分配一些资金，与其合作的社会组织负责监督慈善资金的支出情况，此外，还允许员工成为社会组织志愿者。企业基金会是指企业为实现其公益目标而创建的非营利性机构。许可协议是指社会组织与企业签订许可协议，允许企业使用社会组织名字和标识等无形资产，企业为此支付特许权使用费。赞助是指企业支持社会组织在各类活动中使用企业的品牌，向社会组织支付赞助费。基于交易的营销也称善因营销，其特点在于企业向消费者提供一项提议：当消费者参与能够为企业带来收入的交易时，企业将向指定的公益事业捐赠一定金额的资金。这个过程既达到了企业增加销售额、提升品牌形象等的组织目标，也满足了消费者因支持公益事业而产生满足感的需要。联合推广是指非营利组织和企业携手合作以支持某一公益事业。联合推广的特点是企业和非营利合作伙伴共同进行广告宣传，以推动非营利事业的发展。这种合作模式体现了联合推广的核心价值，即通过将商业力量与公益目标相结合，实现双方共赢。不同于企业直接捐款给非营利组织以支持其活动的传统方式，联合推广强调的是企业通过参与特定活动来推动公益事业的发展。这种方式使得企业与非营利组织之间的关系更加紧密，共同为实现公益目标而努力。合作经营是指企业与非营利组织合资经营企业，这是一种由合作双方共同创建的新型非营利实体，旨在实现双方共同期望的目标。这种合作模式结合了企业的商业力量和非营利组织的社会影响力，以推动特定议题或项目的发展。

在我国虽然没有明确的企业与社会组织形成跨部门联盟的概念，但在社会组织实践中，也有社会组织与企业开展广泛合作。2009年在上海浦东新区民政局注册成立的上海佰特教育咨询中心，是一家致力于经济赋能儿童及青少年的社会组织，该组织的目标是提升儿童及青年经济自立自理的能力，促进社会公平。该组织在上海、北京、广州、成都、贵阳、深圳、苏州等地拥有办公室，服务累计覆盖30个省份、255个区县地区，服务儿童及青少年超过568万人次，其合作伙伴包括阿里巴巴公益、兴业全球基金、东亚银行、新加坡星展银行等。2020年汇丰银行（中国）有限公司联合上海联劝公益基金会和上海百特教育咨询中心共同开展"汇丰·广东省中职学生就业素养提升计划"，针对广州、深圳、珠海、佛山的20所中职院校学生（15～17岁），提供自我认同及系统多元的职业生涯和就业教育培训。

在我国尤其是体育领域，市场力量主导培育社会组织的实践还比较少，目前呈现的大多是企业捐赠，以及在一些运动项目或体育与旅游、文化等跨界领域出现企业自发组织形成行业协会的案例。随着体育产业与旅游、文化、养老等领域的融合发展，这类跨界企业报团取暖形成合力的诉求不断增强，这类社会组织也将越来越多。在调研过程中，笔者走访的浙江省休闲拓展行业协会、四川巴蜀武术国际交流中心都属于此类情况。

从体育领域来看，企业与社会组织合作或参与社会组织培育主要体现在：随着一些地方体育企业的发展，产生在行业内交流信息、规范经营等需求，基于此一些具有发展眼光、号召能力的企业管理者便会发起成立或资助构建行业性社会组织。浙江省休闲拓展行业协会便属于这一类型，该协会是由浙江省内从事户外拓展、定向运动、体育旅游景区、各类户外营地的众多单位组织自愿组成的专业性、全省性、非营利性的社会团体法人集体，发起单位包括：杭州汇邦商务咨询有限公司、杭州天柱成企业管理咨询有限公司、杭州众拓户外运动策划有限公司、浙江户外煋球实业发展有限公司、杭州天翰体育设施发展有限公司等，还有近百家浙江省内单位响应并联合。该协会于2017年12月经浙江省民政厅登记注册成立，其业务范围包括：全面负责浙江省户外拓展项目的业务指导及规范监督，为浙江的户外拓展行业提供规范化引导；经民政厅及现代社会组织中心授权，对浙江户外拓展项目实施管理①。该协会现有会长1名、秘书长1名、副会长6名、副秘书长3名，由其中一名副会长兼任培训专业委员会主任，培训专业委员会有副主任1名、委员3名、财务1名、秘书1名、17名中仅两人为全职，兼职人员均是各企业总经理。该协会通过自身宣传吸引企业会员加入。

该协会由企业发起成立，也获得来自企业的支持，该协会独立的办公场所由会长单位浙江户外煋球实业发展有限公司赞助。同时，该协会致力于服务会员，让行业有更高的知名度，让会员可以收获更多的利益；利用协会的影响力增加会员整体流量，对接更多资源，让整个行业得到社会认可和重视。该协会设立独立资金账户，有经费使用自主权，经费来源为会费、捐赠、参与政府购买服务等，来自企业的会费是主要经费来源。该协会官网显示2024年会费收取标准是会长单位7500元/年，副会长单位5000元/年，理事单位2500元/年，会员单位1000元/年。此外，企业捐赠是该协会开展工作的一种方式，如开展某个公益活动，协会就会要求各会员单位有钱出钱、有人出人、有物出物。

---

① 浙江省休闲拓展行业协会. 浙江省休闲拓展行业协会介绍[EB/OL].（2023-02-23）[2024-12-29]. https://zloa.org.cn/gywm.

（2）社会企业。

自 20 世纪 90 年代开始，我国启动慈善组织市场化。在这一背景下，社会企业在促进社会就业、帮扶弱势群体、参与环境治理等方面发挥了重要作用，蓬勃发展[1]。2006 年，诺贝尔和平奖获得者、孟加拉国格莱珉银行创始人尤努斯提出："传统的慈善方式不具备造血功能，不能解决困难群体的根本问题。社会企业与传统的慈善组织相比较，其创新性、可持续性更强。"[2]这一新型组织有别于政府和企业，也不同于一般意义上的非营利组织，兼具社会性和企业性，能发挥创新精神和企业精神，在公共服务领域开展社会创新，在解决社会问题、打破"福利僵局"方面发挥积极作用，赢得了社会的广泛好评[3]。

社会企业是市场培育社会组织的一种重要方式，也是促进社会发展的创新模式，在许多国家受到重视，并成为重要的研究议题，我国学者和社会组织实践者对此也广泛关注。近 10 年来，我国社会企业的实践和研究蓬勃兴起，但在我国的体育领域还鲜有实践和研究。

① 社会企业的概念。社会企业的概念最早由法国经济学家蒂埃里·让泰提出。他认为社会经济不是"以人们衡量资本主义经济的办法即工资、收益等来衡量的。它的产出是把社会效果和间接的经济效益结合在一起的"。此后，国际上发展并形成了关于社会企业的三大学派（理想型学派、社会创新学派和社会企业学派），三大学派分布于北美和欧洲两大区域，但"在研究和定义社会企业方式上，大西洋两岸并没有明显的分歧"[4]。

首先，欧洲对社会企业作出界定。1999 年，经济合作与发展组织（Organization for Economic Co-operation and Development，OECD）认为社会企业是指任何可以产生公共利益的私人活动，具有企业精神策略，以达成特定经济或社会目标，而非以利润极大化为主要追求，且有助于解决社会排斥及失业问题的组织[5]。欧洲委员会下的社会企业网络（Emergence des Enterprises Sociales en Europe，EMES）对社会企业的特征进行了清晰的描述，认为社会企业是由集体、自发和民主的行动

---

[1] 李健，王名. 社会企业与社会治理创新：模式与路径[J]. 北京航空航天大学学报（社会科学版），2015（3）：9-15.
[2] 商灏. "新社会企业"是一件时尚新衣吗？[EB/OL]. （2018-10-13）[2020-07-28]. https://baijiahao.baidu.com/s?id=1614183525919369649&wfr=spider&for=pc.
[3] 丁开杰. 打破福利的僵局 社会企业家在行动[EB/OL]. （2009-12-17）[2024-06-06]. https://www.dswxyjy.org.cn/n1/2019/0617/c427564-31157415.html.
[4] BACQ S. JANSSEN F. The multiple faces of social entrepreneurship: A review of definitional issues based on geographical and thematic criteria[J]. Entrepreneurship and regional development, 2011, 23(5-6): 373-403.
[5] OECD. SocialEnterprises[M]. Paris: OECD, 1999:10.

激发的；以促进社会发展为目标；通过组织自身的活动和经济捐赠来融资，可以是营利性的，也可以是非营利性的；强调组织结构和集体行动。

其次，北美对社会企业作出界定。在美国形成了关于社会企业的两种学派，即社会创新学派和社会企业学派，它们均源于20世纪80年代，但直到20世纪90年代末，社会企业概念才引起美国学术界的关注并开始研究。社会创新学派以个人为中心，认为有远见的个人通过使用创新的解决方案和资源，在自己的周围创造社会价值或解决社会问题。该学派认为企业家可以成立营利性或非营利性组织，以奠定企业赖以运作的经济基础；应恪守对社会目标的承诺，创造社会价值，且并不一定进行利润的再投入。因此，有学者认为这一学派"注重结果和社会影响，而不是收入"[1]。社会企业学派认为社会企业的主要倡导者是政府或非营利组织，作为个人存在的企业家扮演次要角色，其作用是组织和实施旨在实现组织社会使命的活动；组织的社会目标具有绝对的优先权，组织制定的商业策略为其提供资金支持，不依赖于捐赠等资金支持。有学者认为这些组织的创收活动应为组织提供全部的资金支持。

② 体育领域社会企业的研究状况。尽管关于社会组织的研究方兴未艾，但关于体育和社会企业的研究相对有限。2004年才出现第一篇探讨这一主题的文章，2014年以后人们才对体育与社会企业的融合越来越感兴趣。

通过梳理获得的文献发现，关于体育与社会企业的研究呈现以下特征。

首先，这类文章发表在多个学科的期刊上。大部分文章发表于经济与工商管理领域的期刊，少部分文章发表于体育科学、政治科学、医学科学、性别研究、发展研究等学科期刊，在体育管理、体育社会学和体育政策期刊上发表的文章数量较少。

其次，这类文章对社会企业概念的使用比较分散[2]。研究中对概念的使用并不局限于既有学派，仅有部分文章可以与上述三大学派联系起来，其他则更多关注企业过程，因此，很难说它们属于哪个具体学派，且大多采用定性的个案研究方法。

体育领域社会企业研究主要关注以下议题：

一是体育社会企业的概念。Ratten 是体育与社会企业研究领域的先驱，是定

---

[1] DEFOURNY J. NYSSENS M. Conceptions of social enterprise and social entrepreneurship in Europe and the United States: Convergences and divergences[J]. Journal of social entrepreneurship, 2010, 1(1): 32-53.

[2] HOOGENDOORN B, PENNINGS E, THURIK R. What do we know about social entrepreneurship? An analysis of empirical research[J]. International review of entrepreneurship, 2010, 8(2): 71-112.

义体育社会企业的第一人。随着研究的不断深入，她对体育社会企业作出了不同的定义。她在《发展基于体育的企业理论》（Developing a theory of sport-based entrepreneurs ship）中，将体育社会企业定义为"利用社会问题在体育环境中创造变化"，认为社会企业可将体育作为鼓励人们解决社会问题的手段[①]。这一定义以过程为导向，其重点在于利用体育实现社会企业的目标，而不是关注社会企业的其他变量。此后，她还给出以下定义："社会企业在体育语境中被定义为追求社会目标并实现经济利益的组织"[②]。这一定义考虑了更多变量。根据这一定义，组织处于中心地位，它试图在实现社会目标的同时获得某种形式的经济利益，不依赖于某一学派的思想，构建了以体育为基础的企业形式。同时她又提出企业家和创新的重要性，认为社会企业可以产生于任何部门，并以任何方式获得融资。

二是社会企业家与社会企业。关注这一议题的文章分属于不同学派，把体育作为目标和手段展开研究。具体包括：属于社会创新学派的以社会企业家为核心的研究，其中企业家或者以个人身份出现，或者代表公司。Cohen 和 Peachey 通过叙事性文章描述了一个女性社会企业家通过足球运动使陷入困境的妇女实现人生逆袭的案例[③]。文章中的一个重要部分是介绍这名妇女的背景，她从一个成功的女运动员变成一个街头瘾君子，最终转变为一个社会企业家。这篇文章有多个主题，其中包括对这名妇女背景、经历、机遇、社交网络和个人性格特点（如领导能力）的讨论，研究认为一个人的背景和个人经历（如创伤经历），对社会企业的形成具有相当重要的意义。Gilmore 等讨论了社会企业家可能为体育俱乐部所做的贡献[④]，认为社会企业家可以利用他们的经验、知识和社会关系调动资源，针对各种社会问题制定创新的解决方案[⑤]。具体包括：社会企业家可以通过贡献交际策略和利用其社会关系进行营销、销售和游说来帮助俱乐部发展。此时，社会企业家被看作是帮助体育俱乐部的人，而不是为实现社会目标而独立工作的人。因

[①] RATTEN V. Developing a theory of sport-based entrepreneurship[J]. Journal of management & organization, 2010, 16(4): 557-565.

[②] RATTEN V. A social perspective of sport-based entrepreneurship[J]. International journal of entrepreneurship and small business, 2011, 12(3): 314-326.

[③] COHEN A, PEACHEY J. The making of a social entrepreneur: From participant to cause champion within a sport-for-development context[J]. Sport management review, 2015, 18(1): 111-125.

[④] GALLAGHER D, GILMORE A, STOLZ A. The strategic marketing of small sports clubs: From fundraising to social entrepreneurship[J]. Journal of strategic marketing, 2012, 20(3): 231-247.

[⑤] THOMPSON J, DOHERTY B. The diverse world of social enterprise: A collection of social enterprise stories[J]. International journal of social economics, 2006, 33(5-6): 202-228.

此，在研究中企业家的角色更类似于顾问。

  Thompson 和 Doherty 进行的一项研究可归为社会企业学派。他们研究了 11 个社会企业案例，其中的创世纪公司经营一个家庭娱乐中心，包括一个体育馆和其他设施。创世纪公司的目标是通过一些积极的活动来发展和维持社区，而体育是各类活动之一。他们聚焦于个人或公司的特征、发展和成长，关注该公司的历史及其走向经济可持续发展的道路。

  三是社会企业组织的可能性和战略变化。这类议题主要关注组织如何通过结构更改（如成立子公司、成立社区信托、使用社会会计等）手段来巩固其地位。在这类研究中，社会企业被组织战略性地利用，尽管体育被视为加强社区和体育俱乐部建设的一种手段，但体育并不是这些研究关注的焦点。

  Chew 在研究中描述了一个活跃在文化和体育领域的慈善机构，该机构以社会企业的形式成立了一个子公司，通过商业活动（如开设咖啡馆等）创造收入，从而在财政上和技能上受益。Chew 认为这种机构可被看作是传统慈善机构和社会企业的混合体[1]。Walters 和 Chadwick 研究了足球俱乐部如何在现有组织的基础上组建足球社区信托并从中获益。该研究视社区信托为与企业社会责任和企业公民身份有关的战略手段，作为独立组织，社区信托在社区健康和教育工作中仍使用俱乐部的名称。该研究认为创建与足球俱乐部有联系的独立社区信托的战略利益包括：提高了俱乐部的声誉，加强了俱乐部与社区的联系，提高了俱乐部品牌的被认可度，改善了俱乐部人才的选拔过程[2]。

  四是社会企业的经营过程。关注社会企业经营过程的研究描述了体育领域的社会企业组织通过采用类似于商业领域的策略来融资，以保证体育俱乐部的生存。

  早期研究认为社会企业的目标是帮助社会边缘群体和弱势群体，体育被视为促进社会融合和增加社会资本的手段。Webber 等在研究中描述了一个成功的组织案例，该组织帮助精神病患者通过体育来发展社交能力[3]。Hassanien 和 Dale 也在研究中描述了一个帮助社区弱势群体并为其提供活动机会的社会企业案例[4]。还有

---

[1] CHEW C. Strategic positioning and organizational adaption in social enterprise subsidiaries of voluntary organizations[J]. Public management review, 2010, 12(5): 609-634.

[2] WALTERS G, CHADWICK S. Corporate citizenship in football: Delivering strategic benefits through stakeholder engagement[J]. Management decision, 2009, 47(1): 51-66.

[3] WEBBER M, REIDY H, ANSARI D et al, Enhancing social networks: A qualitative study of health and social care practice in UK mental health services[J]. Health & social care in the community, 2015, 23(2): 180-189.

[4] HASSANIEN A, DALE C. Drivers and barriers of new product development and innovation in event venues: A multiple case study[J]. Journal of facilities management, 2012, 10(1): 75-92.

学者阐述如何利用体育接触和帮助社会边缘群体。Sanders 等研究了一家足球俱乐部,该俱乐部在其体育场内成立了一个财务独立的慈善机构,目的是帮助社会中的边缘群体,希望通过教育为社会发展作出贡献。他们通过对该案例的研究发现:慈善机构在教育领域的努力获得成功,大量边缘群体中的求学者得到继续深造的机会;由于体育场有指定的学习区域和其他设施,所以成为一种重要的社区资源[1]。Hayhurst 研究了一个非政府组织利用体育促进乌干达人民性别平等的案例,该组织使用武术提高女孩在社会中的地位、教育水平,以及其在抵抗家庭暴力、冲突管理和领导技能方面的能力,研究发现由于练武术可以锻炼身体、塑造人的品格,所以武术具有促进女性获得经济权利的重要作用[2]。

从获得经济资源角度,一些学者研究了社会企业的经营策略。获得经济资源是确保企业及其活动连续性的必要条件。Westlund 和 Gawell 研究了一个利用体育接触叛逆年轻人的组织,通过与公共部门、私营部门和民间部门参与者建立联系,资助其开办学校,提供系列服务和管理各种项目[3]。Gallagher 等建议俱乐部利用社会企业,特别是社会企业家及其商业技巧、经验和人脉来获取资源[4]。有学者提出了社会企业调动外部资源和创造收入的不同策略,包括上诉、说服、指导、谈判等,展示了如何通过运用这些策略,一个社会企业不仅组织和举办了 2003 年夏季世界特殊奥林匹克运动会,还改变了人们对有学习和智力障碍人群的态度。还有研究结果表明,与仅为自己成员带来福利的体育俱乐部相比,以服务为宗旨并通过强有力的服务获取收益的体育组织的财务状况更为乐观。

从中国来看,2006 年社会企业这一概念被引入中国,10 多年来这种模式一直被一些社会机构组织和企业积极推广。2019 年 4 月发布的《中国社会企业与社会投资行业扫描调研报告 2019》表明"七成社会企业投资机构社会影响力回报高于预期",这些社会企业服务广泛,在教育、社区发展、就业与技能、环境与能源、医疗与健康、老年服务与产业、扶贫、艺术文化体育等领域发挥了一定的作用。本次调研受访的 367 家社会企业服务对象总量近 12 亿人次。按照该调研的

---

[1] SANDERS A, HEYS B, RAVENSCROFT N et al, Making a difference: The power of football in the community[J]. Soccer & society, 2014, 15(3): 411-429.

[2] HAYHURST L M C. Corporatising sport, gender and development: Postcolonial IR feminism, transnational private governance and global corporate social engagement[J]. Third world quarterly, 2011, 32(3), 531-549.

[3] WESTLUND H, GAWELL M. Building social capital for social entrepreneurship[J]. Annals of public and cooperative economics, 2012, 83(1): 101-116.

[4] GALLAGHER D, GILMORE A, STOLZ A. The strategic marketing of small sports clubs: From fundraising to social entrepreneurship[J]. Journal of strategic marketing, 2012, 20(3): 231-247.

低估算方案，有自觉意识的社会企业数量为 1684 家，员工总数近 8 万人，2017 年总收入约为 93 亿元[1]。在社会企业发展的大潮下，我国开启了体育社会企业的实践，2018 年 8 月北京社会企业联盟成立，建侬体育成为其中唯一的体育品牌。在我国不断推进体育管理体制改革，促使体育社会组织实体化、社会化发展的背景下，有必要借鉴国外关于体育社会企业的实践，为开辟我国体育社会组织新的发展道路提供参考。

6.3　体育社会组织培育模式的治理特征

从以上体育社会组织培育模式的分析来看，我国体育社会组织培育模式存在以下治理特征。

6.3.1　多元培育主体显现，但发展不均衡

目前运用较多的仍然是政府力量主导型培育模式。随着近年来社会力量的发展壮大，社会力量主导型培育模式开始兴起并发挥积极作用，但是，由于我国社会组织发展的依附性特征，一些体育社会组织仍然脱胎于传统体制，只是受到我国创新社会治理大环境的影响，开始尝试开展不依赖或有限依赖于政府机构的培育性活动。在三类培育模式中，力量最为薄弱的是市场力量主导型培育模式，其中企业与社会组织形成的跨部门联盟雏形显现，但已经在国外及我国环保、扶贫、教育等领域有所实践的社会企业，在我国体育领域还没有相应实践，也缺乏理论关注。分析原因，可能是由于我国体育产业发展比较晚，产业规模有限，其中的企业大多实力不足，维持自身发展尚有困难，更难以腾出人力、物力、财力去扶持体育社会组织。同时，由于社会企业属于新鲜事物，体育领域接受这一概念与模式还需要时间。

6.3.2　培育模式多为地方探索，尚未形成普遍性实践

从已开展的体育社会组织培育实践来看，在政府力量主导型培育模式中，政府直接采用财政投入培育及政府购买公共服务方式，而社会化、市场化手段运用较多的培育模式均出现在地方性实践中，且多发生在经济较发达地区，如枢纽型社会组织孵化、社会组织服务中心孵化、自发性社会组织孵化、企业主导孵化等，

---

[1] 佚名. 七成社会企业投资机构社会影响力回报高于预期[EB/OL]. (2019-04-16) [2020-7-20]. https://baijiahao.baidu.com/s?id=1630923088734002509&wfr=spider&for=pc.

均产生于上海、北京、南京、杭州等地区。这些地区由于经济发展水平较高、政府的服务意识较强，社会公众的自治意识、自治能力等已达到可以支持创新社会组织治理模式的水平。尽管这类地区产生的创新实践通过社会组织或企业自行推广的方式在我国部分地区落地，但没有在全国范围内得到运用。

6.3.3 地方性培育实践依赖于政策创新，但政策供给仍显不足

从各地富有创新性的培育实践来看，支持各类主体在体育社会组织培育方面进行新探索并逐渐形成稳定模式的，是各地政府的政策创新。为有效解决体育社会组织发展中遇到的问题，这些地区的政府部门及时发现体育社会组织培育的需求，针对这些需求，在政策上作出适当调整，如上海市的分层项目制及孵化培育模式、北京市体育总会、南京市栖霞区社会组织服务中心等案例，都属于政府部门针对社会组织培育发展的需求，在政策上给予个别创新的组织、发起人等政策支持，帮助这些组织逐渐发展起来。但是，从全国范围来看，支持创新的政策供给仍然有限，难以满足全国范围内体育社会组织发展的需求。

6.3.4 培育手段趋于多样化，但社会化、市场化手段仍不足

从各地的实践来看，社会化、市场化的培育手段得到应用，尤其是近年来政府购买公共服务培育模式运用较为广泛，在一定程度上解决了体育社会组织发展中遇到的资源不足问题。但是，总体来看，由于我国社会组织发育程度有限，体育产业领域市场力量总体不足，在培育模式中采用的社会化、市场化手段仍然有限，尤其是市场力量主导型培育模式还处于萌芽状态。社会化、市场化手段运用不足，使得体育社会组织发展在本质上还存在对政府的依赖，制约了体育社会组织发展。

6.4 体育社会组织培育模式存在的问题

6.4.1 政府力量主导型培育模式存在的问题

从以上分析可知，政府力量主导型培育模式在政策、资源和平台方面具有其他模式不可比拟的优势，但其存在的问题也需引起重视。这一模式以政府的需求和偏好为主[1]，带有明显的工具性和选择性，难以形成复杂多样、具有自主培育和

---

[1] 黄晓春. 中国社会组织成长条件的再思考——一个总体性理论视角[J]. 社会学研究，2017（1）：102-124，244.

相互促进功能的社会组织生态系统[1]。同时，受支持的社会组织发展将面临政府政策调整的风险[2]。

此外，在政府力量主导型培育模式下，政府自身是培育行为主体，负责投入经费，同时还负责人员安排。这一培育模式在本质上显示了"全能政府"的观念，衍生出资源垄断、管理效率低下、分配不公等问题。同时，采用行政干预的方式实施培育，尽管创立了体育社会组织，但其自我造血能力不足，生命力相对有限。这类组织一方面带有很强的行政色彩，另一方面依赖于政府，发展能力不足。

在政府购买公共服务、项目制乃至政府孵化等培育模式要求体育社会组织培育机构自身资源充足，但实际情况往往是这类组织可能存在资源和能力不足的问题，如经济欠发达地区的体育管理部门自身资源也比较有限，难以担负起培育体育社会组织的责任。此外，政府购买服务、项目制等模式大多是基于项目开展的，而一般情况下项目存续时间比较短，必然存在与组织长期发展的矛盾。

6.4.2 社会力量主导型培育模式存在的问题

枢纽型社会组织及社会组织服务中心一般是与政府合作培育体育社会组织，双方采用每年签约方式，通过合约约定短期工作目标和要求，但往往政府并没有关于合作培育的明确的长远规划，因此，枢纽型社会组织及社会组织服务中心作为培育机构将来如何发展值得认真探讨。在这两类培育模式下，培育工作服务于政府工作目标，体育社会组织的自主性在一定程度上得到增强，但仍然存在政府控制问题，属于有限自主，反映出"中国社会组织和政府建立的新型政社合作伙伴关系，仍然是新型的由政府主导的伙伴关系，而非萨拉蒙所主张的基于社会组织主导模式的合作伙伴关系"[3]。

自发型社会组织培育取决于社会组织自身拥有的资源和管理能力，以及社会自组织网络情况。当前我国尤其是体育领域能够拥有雄厚资源和培育能力的体育社会组织还不多，而且社会网络发育薄弱，人们的公益意识有待加强，这类组织的工作机制也不够完善，常态化工作机制不足。此类组织在具体培育中，缺乏规范化和常态化操作方式。在资源获取方面，作为培育机构的社会组织获取资源的能力参差不齐，多数未能形成基于自身信誉的品牌效应，难以靠自身获取充足资

---

[1] 李友梅，等. 新时期加强社会组织建设研究[M]. 北京：经济科学出版社，2016：153-155.
[2] 栾晓峰. "社会内生型"社会组织孵化器及其建构[J]. 中国行政管理，2017（3）：44-50.
[3] 王名. 中国民间组织 30 年——走向公民社会[M]. 北京：社会科学文献出版社，2008：24.

源。因此，尽管社会力量主导型培育模式属于社会力量通过主动参与促进社会组织成长的模式，符合体育社会组织发展的方向，但是这一模式能否发挥作用还取决于体育社会组织的活跃程度及体育社会组织之间的协同合作能力。

6.4.3 市场力量主导型培育模式存在的问题

我国市场力量培育体育社会组织的实践不多，仅有的案例也多为地方性企业主导成立类似于行业协会的组织，国外发展较快的社会企业在我国体育领域尚未出现。从目前来看，这一模式存在以下主要问题。

一是企业资源有限，难以为体育社会组织提供充足资源。由于我国体育产业发展处于初级阶段，体育企业发展规模比较小，没有充足的人力、物力和财力资源用于培育社会组织。从调研中发现的案例来看，大多数企业出于自身发展需要，也出于与同行共同发展地方相关体育产业的考虑，组织成立体育社会组织，或利用企业现有场地设施吸引社会组织入驻，而企业负责人则身兼数职，既是企业负责人，也是社会组织的负责人。企业负责人在两种角色中切换，主要为企业利益服务。

二是尚无可以借鉴的成熟模式。从国内外的实践来看，企业参与社会组织培育，大多采用慈善捐赠方式，一般并不介入社会组织运营。在我国，受制于国家慈善捐赠环境尚不完善、体育社会组织公信力有限等因素，企业慈善捐赠行为并不多见。

从以上分析可知，随着近年来我国社会组织制度环境的渐进式变革，培育发展体育社会组织已成为我国体育领域的重要趋势，但各类主体单中心的培育模式都存在一定缺陷，不利于体育社会组织健康、可持续发展。

6.4.4 总体上未形成多元主体协同培育模式

已有实践大多仅限于单一主体主导培育，部分政府主导培育的案例（如上海市足球协会改革案例和上海市人民政府向体育社会组织购买公共体育服务案例）体现了政府与社会组织合作的实践，但在社会力量主导培育的案例和市场力量主导培育的案例中还没有显现政府参与的实践。

总体来看，我国的体育社会组织培育还没有形成政府、社会和企业多元共治的培育模式。单一主体实施培育，或多或少会因动员能力、组织资源、专业性等方面的不足影响培育效果。

第 7 章

体育社会组织多元共治培育模式分析

作为多元共治基础的多中心治理是随着公民社会兴起而产生的，它将社会力量镶嵌进公共事务的治理网络中，使之与政府一起参与公共事务治理，实现善治。社会多元主体的引入，打破了政府的垄断地位，政府不再是唯一的权力中心，权力被转移、分散至非政府组织、企业直至公民个人。在此逻辑之下，体育社会组织培育也不能仅依靠政府单一主体，需动员社会多元主体参与，形成多元共治的局面。从当前我国体育治理的"强政府、弱社会"格局转变为实施多元共治培育的格局，还需在理论上探讨切实可行的培育模式及其建设路径。

7.1 体育社会组织多元共治培育模式的构建

7.1.1 体育社会组织多元共治培育模式的内涵

多元共治培育模式是在公共事务的治理方面打破政府公权力的垄断，实现政府、企业、社会组织等多主体参与，形成各主体间平等协商、在行动上协同互动局面的治理模式。体育社会组织是以服务于大众在体育方面需求（如娱乐、健身、身体训练等需求）为宗旨的，独立于政府部门之外，不以营利为目的的公益性组织，其自身的公益属性决定了培育这类组织的相关事务也属于公共事务。因此，就体育社会组织而言，多元共治培育模式是指打破政府垄断，引入企业、社会组织等多主体参与体育社会组织培育，形成各主体间平等协商、协同互动的治理模式。

体育社会组织多元共治培育模式同样具有主体多元、合作实践、网络化治理结构和共赢的治理成效特征。

（1）主体多元，即政府、社会组织、企业乃至志愿者等共同参与体育社会组织培育。体育社会组织作为当前体育治理现代化及公共体育服务供给的重要主体，在我国大众体育发展中发挥着重要作用。在多元共治模式下，政府不仅参与培育，还调动社会组织、企业参与培育。

（2）合作实践，即随着政府向社会释放权力，多元主体与政府平等协商，形成伙伴关系，在体育社会组织培育方面开展平等合作。

（3）网络化治理结构。体育社会组织多元共治培育是开放的治理体系，政府、市场、社会组织之间打破界限，在社会组织发展的制度化框架中相互依存，并为实现体育社会组织发展的目标展开联合行动，形成既互相依赖又相互独立的关系。

（4）共赢的治理成效，即通过培育体育社会组织，政府扩大了公共体育服务供给主体的力量，为政府改革提供基础；其他社会组织实现自身的公共价值，总体壮大了社会组织的规模；市场主体通过培育体育社会组织，可以有效激励大众参与体育锻炼，为培育体育消费市场奠定基础。

7.1.2 体育社会组织多元共治培育模式构建的指导思想与原则

1. 指导思想

我国体育社会组织多元共治培育模式的构建首先应坚持中国特色，以党关于社会组织治理创新的精神为指引，以推进我国体育治理体系和治理能力现代化为目标，深刻把握体育社会组织治理的重点在基层、关键在体制创新的要求，坚持政府负责、社会协同、公众参与、法治保障，提高体育社会组织培育的社会化、法治化、专业化水平，打造共建共治共享的体育治理新格局。其次，应关注当前社会组织培育模式的前瞻性趋势，抓住关键性工作环节，系统设计体育社会组织培育的多元共治结构、机制与路径，全面提升体育社会组织培育能力，构建符合中国实际的体育社会组织多元共治培育模式。

2. 构建原则

（1）前瞻性原则。

多元共治培育模式建立在对国家治理体系和治理能力发展趋势进行准确判断的基础之上。党的十九届五中全会对加强和创新社会治理提出了新要求，明确改革制约社会组织发展的体制机制，建立政社分开、权责明确、依法自治的社会组织制度[①]。这预示了我国社会组织未来发展的走向，因此应结合新时代体育发展方式转变带来的体育社会组织变革，构建多元共治培育模式。

---

① 陈一新. 加强和创新社会治理（深入学习贯彻党的十九届五中全会精神）[EB/OL].（2021-01-22）[2021-01-24]. http://cpc.people.com.cn/n1/2021/0122/c64387-32008128.html.

（2）关键性原则。

当前，制约我国体育发展的因素之一是社会力量薄弱问题，尤其是体育社会组织发展在受到国家大环境影响的同时，还受到我国各地社会治理水平和经济发展程度的影响。各地体育社会组织发育状况及对体育社会组织的培育政策与措施呈现不均衡状态。因此构建在我国具有一定普适性的多元共治培育模式，需抓住当前我国体育社会组织发展的关键性问题，设计分析框架，提出可行性方案。

（3）系统性原则。

体育社会组织培育工作既属于我国社会组织管理的内容，也属于我国体育治理的工作范畴，这项工作在宏观上受到经济社会发展环境及国家政策的影响，在中观上受到各地政府及体育管理部门的管理理念与管理方式的影响，在微观上与各地的社会发育程度、公民意识、社会组织自身能力等有关。因此，对多元共治培育模式的构建，需统筹考量各类因素，系统设计整体框架。

（4）优势主导原则。

多元共治强调体育社会组织培育主体的多元化、合作化。在多元共治之下，体育社会组织培育不再只是政府的职责，也是相关企业、社会组织的责任。但是，如果只强调治理主体的多元性、平等性和合作关系，则难以科学地解决体育社会组织培育中谁为主导的问题。多元共治作为一般性的解释框架，并无统一化的实现形式和标准化的操作方案。在实践层面，我们应该依据不同地区、不同类型，寻找有效的体育社会组织培育实现形式。在体育社会组织治理条件复杂化、多样化的背景下，实现多元共治不能简单地"脸谱化"，而应该基于不同地区的情况进行差异化选择。谁有优势、有长处，就由谁主导，而不论主导者的性质[1]。

7.1.3 体育社会组织多元共治培育模式的总体框架

我国多数体育社会组织在基层直接面向大众提供体育活动、体育指导等服务，体育社会组织的活跃程度及开展服务的能力直接关系着基层群众的体育参与状况，也会影响我国大众体育的整体发展。因此，体育社会组织培育的本质在于推动公众利益最大化。值得注意的是，由于国情不同，我国推动体育社会组织培育模式发展由政府一元主导向多元主体合作共治转变，不能照搬西方国家的模式，应根据我国国情，构建符合中国社会发展、体育发展特点的体育社会组织培育模式。

---

[1] 卢福营，熊竞. 优势主导——多元共治模式下社区治理体制创新[J]. 河南社会科学，2017，25（9）：13-19.

第7章 体育社会组织多元共治培育模式分析

考虑到我国培育体育社会组织面临的诸多问题，以及复杂的环境和社会结构，构建体育社会组织多元共治培育模式不仅顺应我国社会治理创新的趋势，还可以有效解决当前体育社会组织发展中出现的问题。本书在总结多元主体参与培育体育社会组织过程中出现的问题，并分析我国体育社会组织治理制度变迁及典型实践模式的基础上，提出一般意义上的体育社会组织多元共治培育模式（图7-1）。从治理结构来看，该模式属于"网式"结构。

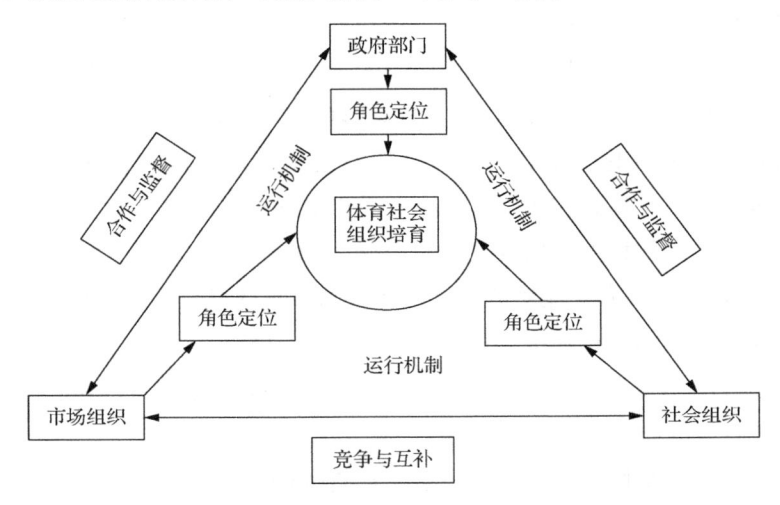

图7-1 体育社会组织多元共治培育模式示意图

（资料来源：作者根据研究结果绘制而成。）

在多元共治培育模式下，多元主体在明确各自角色定位基础上，以平等身份形成互动合作关系，政府不再处于中心地位，而是以平等的身份参与到社会组织培育中，采用引导、协调和监督等方式推进多元主体间互相合作，多元主体基于内生和外源的动力，形成合作互动的网络关系。这一模式的有效运行有赖于一系列机制的推动。

7.2 体育社会组织多元共治培育模式的结构体系

7.2.1 体育社会组织培育的多元主体角色

多元共治培育模式涵盖政府、社会组织、企业乃至公民个人等多元主体，在实施培育过程中，不同类型的主体扮演不同角色、承担不同责任。只有各类主体承担相应的责任,才能确保多元共治培育模式的有效运行。

1. 政府部门的多重角色

在体育社会组织培育过程中,政府的角色至关重要,即便是实施多元共治,政府也应该在其中承担制度设计及政策制定的责任。尤其是现阶段我国体育领域总体呈现市场力量和社会力量薄弱的状态,更需要政府在一段时间内起到主导作用,承担起相应的职责。在多元共治培育模式下,政府的基础性作用突出地表现为提供制度设计与安排,以相关制度引导企业、社会组织等参与体育社会组织培育。政府应负责社会组织及体育社会组织治理法规与政策的制定与执行、体育社会组织监管体系的优化与监管问责、体育社会组织培育信息公开、调控资源配置、协调多元培育主体合作等。多元共治绝非意味着政府缺位,而是意味着政府介入的方式、手段和程度有所变化,一个强有力的政府恰恰是保障治理有效性的基础性条件[①],只有政府才能避免多元主体参与带来的耗散、低效与失序。多元共治培育模式力图在体育社会组织培育中形成政府、市场、社会多元主体共同参与的格局,更好地发挥多元主体的协同效应,从而构建一种更具包容性、适应性和有效性的体育社会组织治理模式。

在体育社会组织培育中,政府还需承担转变职能、改善政社关系的职责。体育社会组织发展需要体育领域具有更大的社会空间,而社会空间的拓展有赖于体育管理部门积极实施治理转型,推动职能转变。因此,加大体育社会组织培育力度,首先需要体育管理部门认识到体制机制的制约,加快推动体制改革和职能转变,通过改革厘清其与体育社会组织关系。

2. 社会组织的协同参与角色

社会组织作为独立于政府和企业的第三种力量,在我国国家治理体系现代化中发挥愈发重要的作用,在促进各类社会组织建设中的作用尤为突出。社会组织在体育社会组织的多元共治培育中承担着组织化汇集需求、整合社会资源的职责。社会组织作为政府和居民之间的桥梁和纽带,可以以组织化的方式规范居民在体育参与及成立社团等方面的利益诉求,以有组织、规范的方式反馈信息。我国基层社会大量可用于体育社会组织发展的资源分散于企业或公民个人,这些资

---

① JORDAN A, WURZEL R, ZITO A. The rise of new policy instruments in comparative perspective: Has governance eclipsed government?[J]. Political studies, 2005, 53(3):477-496.

源因缺乏整合渠道和平台很难实现其价值。社会组织可以通过社会网络关系，采用非官方形式整合这些资源，使之参与体育社会组织培育。

3. 企业的契约参与角色

作为市场组织的企业拥有大量设施、场地、资金、人才等资源，因此企业参与体育社会组织培育具有独特的优势，可以以合作伙伴的形式，采用契约方式实现对政府培育体育社会组织的有效补充，一方面提升政府治理体育社会组织的效率，另一方面可以促进社会资源的有效利用。党的十八届三中全会明确了市场在资源配置中的决定性作用[①]，在体育社会组织培育的多元共治体系中也需发挥市场主体的作用。企业参与既可以带来培育体育社会组织所需的资源，也可以提升发展效率。企业通过市场机制配给某些体育社会组织发展所需资源，引导人财物资源流动，有利于资源优化配置，促进体育社会组织发展。

7.2.2 体育社会组织多元共治培育模式中的互动关系

体育社会组织多元共治培育模式首先强调多元主体间的合作关系，只有合作，才能实现共治。但是，由于体育社会组织培育的事务复杂，多元主体间的关系不仅包括政府与社会组织的合作互动关系，还包括政府与市场组织的合作互动关系，更包括社会组织与市场组织的协作与互补关系。

1. 合作与监督关系

合作即各共治主体发挥自身优势，共同合作参与体育社会组织培育。合作关系主要存在于政府与企业、政府与社会组织之间。政府在我国体育治理体系中掌握大量资源，具有天然的组织优势。随着我国体育领域市场经济的发展，政府的体育管理职能不断转变，推动体育企业和社会组织发展。为促进大众体育组织化发展、推动形成更多体育社会组织，部分企业和社会组织参与体育社会组织的培育工作。政府基于对企业和社会组织的信任，利用购买服务等方式让渡一部分资源，委托企业或社会组织具体实施培育。受委托的企业或社会组织可充分发挥其在培育社会组织中的技术、人力资源优势。当然，在培育过程中，也可能出现企业因逐利动机或社会组织因追求自身发展而偏离目标的情况，因此政府需在合作过程中实施监督，保证合作顺利进行，实现培育目标。

---

① 张晓松，邹伟. 习近平：让市场在资源配置中起决定性作用，不能回到计划经济的老路上去[EB/OL].（2020-05-23）[2021-04-25]. http://www.gov.cn/xinwen/2020-05/23/content_5514220.htm.

2. 竞争与互补关系

在多元共治培育模式中，企业主体与社会组织主体之间存在竞争与互补关系。作为弥补政府单一培育主体不足的重要手段，两类主体发挥各自优势参与培育，可以起到提高培育质量与培育效率的作用。在具体培育过程中，基于企业、社会组织与政府形成的不同关系网络，往往会引起不同企业、不同社会组织及企业和社会组织之间的竞争，并且企业的运作逻辑是实现利润最大化目标，而社会组织则以社会利益最大化及自我价值实现为目标，两类组织目标的差异，也会导致竞争。为了避免竞争失序，政府应引导各类组织寻求利益契合点，建立良性竞争关系。此外，企业和社会组织也可以实施优势互补，企业发挥资金优势，社会组织发挥志愿专业化及人力资源优势，采取共同行动实施培育，促进体育社会组织发展。

7.2.3 体育社会组织多元共治培育模式的运行机制

体育社会组织多元共治培育模式明确了多元主体的责任及相互关系。要促使该模式有效运行，还需要借助完善的运行机制。有效的机制有利于推动和保障多元主体充分发挥作用。

1. 行政管理机制

由于当前我国体育领域市场力量和社会力量有限，而政府又具有与生俱来的强制优势、组织优势及财力优势[1]，所以行政管理机制成为多元共治培育模式下，政府、企业和社会组织间形成稳定合作关系的前提。行政管理机制是指政府依靠行政权力，利用行政管理手段主导各类主体参与体育社会组织培育而形成的一整套方式、方法。行政管理机制因运用了行政权力而呈现出强制性、权威性特征，在多元共治培育模式的诸多运行机制中占据重要地位。

行政管理机制主要体现为以下几个方面：首先，政府部门通过职能转移实现政府角色的转换和社会权力的回归[2]。发展体育社会组织首先需要政府部门实施体制改革，减少干预职能，通过以转变职能为核心的体制改革促使企业和社会组织参与体育社会组织培育。其次，政府通过出台政策法规，明确各类激励手段，提高企业和社会组织参与培育体育社会组织的积极性。政府通过政策引导、激励、

---

[1] 王玉明. 论政府供给型制度创新[J]. 学海，2005（2）：107-112.
[2] 石亚军，高红. 政府职能转移与购买公共服务关系辨析[J]. 中国行政管理，2017（3）：11-14，156.

第7章 体育社会组织多元共治培育模式分析

促进企业和社会组织参与培育，利用政策协调多元主体间的权力与义务关系，化解多元主体在参与培育过程中产生的矛盾和冲突，从而保证合作的持续与稳定进行。最后，政府采用监督和评估方式督促企业和社会组织履行各自职责，执行培育合同，确保以高质量的合作关系服务于体育社会组织培育。

2. 市场竞争机制

市场竞争机制是指参与体育社会组织培育的多元主体为实现自身利益最大化目标，按照市场经济的价值规律和竞争规律配置资源，各个主体通过平等竞争参与体育社会组织培育。在市场竞争机制下，政府不直接实施体育社会组织培育，而是采用政府购买公共服务、项目制、补贴制，以及出台政策优惠等措施吸引市场和社会主体参与培育，并运用平等竞争的机制提高培育效率和培育质量。在市场竞争机制下，政府成为体育社会组织培育服务的购买者和培育质量的监督者，多元主体展开平等竞争，按照优胜劣汰规则配置资源、分配利益，这有助于实现资源的优化配置，促进体育社会组织培育效率的提升，引导各类主体深化合作。

3. 志愿服务机制

志愿服务机制是一种人类的互惠行为[1]，是指社会成员自愿地、非强制性地、不计报酬地参与社会公共事务。在社会治理中志愿服务机制的主体是社会组织[2]。由于社会组织具有非政府性、非营利性、志愿性或公益性等属性，志愿服务机制在公共治理中可以起到弥补政府失灵和市场失灵缺陷的作用。在我国强调体育治理体系现代化的背景下，有必要发挥志愿服务机制的作用，吸纳多元主体参与体育社会组织培育。首先，利用志愿服务机制动员社会资源，包括动员慈善捐赠和志愿服务，由社会组织宣传体育社会组织在发展大众体育、促进大众健康及建设精神文明中的重要作用，加强社会对体育社会组织公益性、重要性的认同，动员全社会的公益资源投入到体育社会组织发展中。其次，利用志愿服务机制提供培育服务。通过开展各类活动吸纳多元主体积极参与服务于体育社会组织的志愿活动，补充体育社会组织的人力资源。

4. 协同合作机制

多元共治培育模式的有效运行，除了运用发挥政府主导作用的行政管理机制

---

[1] 丁元竹. 为什么志愿机制是可能的[J]. 学术研究，2012（10）：56-60.
[2] 孙涛，刘凤. 转型期城市基层治理：机制、逻辑与策略[J]. 学海，2016（5）：17-22.

及作为补充的市场竞争机制、志愿服务机制,还要关注各类主体间的协同合作,形成良好的协同合作机制。在多元共治培育模式下,政府、企业、社会组织等多元主体在体育社会组织培育中交换优势资源,共享发展信息,采取基于沟通与信任的一致性行动,共同致力于体育社会组织培育。因此,协同合作机制的核心是沟通协调机制,关键是各主体之间的信任机制。

多元主体的协调沟通离不开信息传递与共享。各主体之间要加强沟通,政府应就体育社会组织培育广开言路,利用互联网技术建立正式与非正式沟通渠道,鼓励社会组织、企业提出关于体育社会组织培育的意见和建议。同时,重视多元主体的信息共享,打破各主体在信息资源方面的孤岛状态,关注体育社会组织培育中面临的问题和现实需求,相互整合各方信息,实现全方位交流和共享。多主体协同内生机理的实现有赖于信息共享,多主体间的协调沟通需通过信息共享机制实现问题的预防、发现和解决[1]。只有以信息共享机制为保障,多元合作的信息平台才有机会向参与体育社会组织培育的企业或社会组织开放,这些机构之间才能够实现理念、资源、知识的交流,并有效解决合作中信息不对称的问题。开展多元主体之间的信息共享,可以最大限度消除各参与主体之间的误解,增强各方信任,降低交易成本,提高培育工作的效率。在协同合作机制中,信任是最为核心的凝聚要素。在多元共治的网络关系中,除了依靠制度支持,各参与主体在合作中还需形成信任关系,以多元主体的信任和沟通摆脱集体行动困境,实现协同合作。

7.3 体育社会组织多元共治培育模式面临的挑战

体育社会组织多元共治培育模式为解决长期以来困扰体育治理的组织建设问题提供了新的思路,如何有效发挥不同培育主体的作用、推动多元主体之间实现良性互动与合作,是决定这一模式能否顺利实施的关键。在实践中,体育社会组织多元共治培育模式的实施还面临诸多挑战。

7.3.1 体育社会组织治理的法治环境有待完善

审视我国现行体育社会组织治理体系,以及有关体育社会组织的制度安排,多元共治培育模式面临的首要挑战是体育社会组织的角色定位不清,突出表现为以下几点。

---

[1] 周定才. 基层社会管理创新中的协同治理研究[D]. 苏州:苏州大学,2017:343.

（1）体育社会组织职权定位不清。尽管《体育法》及《社会团体登记管理条例》等法律法规明确了体育社会组织在法律上的地位与作用，但是基于这些法律法规形成的体育社会组织的职权定位并不清晰，在管理上仍然存在行政化倾向。尽管在改革背景下，国家政策鼓励和支持社会组织发展，政府以分类管理的逻辑实施推动社会组织结构优化和均衡发展的不同策略[①]，体育社会组织处于较为宽松的政治和制度环境中，但由于体育领域改革滞后，我国体育社会组织体系仍然存在浓厚的行政色彩，管理行政化造成的"官民"二重性依旧存在[②]。

（2）相关法律规定在操作方面重管理而轻义务与责任[③]。《体育法》对体育社会组织的规定仅有 5 条，只明确了几类体育社会组织的性质，内容较为笼统，未对体育社会组织的义务和责任作出具体规定，使体育社会组织的改革及对体育社会组织的培育等缺少明确的法律依据。

（3）缺乏专门的法律制度。在我国的法律体系中，暂时没有关于社会组织和体育社会组织的专门性法律法规，只能依照《社会团体登记管理条例》《民办非企业单位登记管理暂行条例》《基金会管理条例》等的规定执行，但这些法规或未对社会组织内部自治机制作出明确规定，或对这类组织法律地位的界定模糊不清，导致我国体育社会组织在实际运作中处于"无法可依"的尴尬状态[④]。

7.3.2　多元主体间协同性不足

多元共治培育模式下的多元主体需通过充分的信息共享和信息协同来消解分散的权力结构安排带来的协同障碍。但是，在我国体育治理转型、单项协会脱钩改革的背景下，尽管体育管理部门让渡了部分管理权限，但实际情况是目前大多数体育社会组织的自主性和治理能力不足，政府和体育社会组织之间、全国性体育社会组织和地方性体育社会组织、甚至各同级体育社会组织之间存在非均衡性依赖关系[⑤]。同时，单项体育协会等组织与其他体育社会组织、企业之间存在竞争与合作关系，在参与体育社会组织培育的过程中，应该由哪类组织负责协调沟通，以及多元主体各方的权利和利益是什么，这些问题都有待探讨。在实践

---

① 丁惠平. 依附、发轫与同构：当代中国社会组织发展历程[J]. 学习与探索，2019（10）：30-37，191.
② 王家宏，赵毅. 改革开放 40 年我国体育法治的进展、难点与前瞻[J]. 上海体育学院学报，2018，42（5）：1-8，14.
③ 范冬云，罗亮，王旭. 改革开放 40 年我国体育社团角色变迁——基于社会治理视角[J]. 体育学刊，2019，26（6）：77-81.
④ 冯晓丽，崔佳柠. 新时代我国体育社会组织高质量发展研究[J]. 体育学刊，2020，27（2）：44-49.
⑤ 彭菲，张泽君，徐诗谆，等. 脱钩条件下单项体育协会治理模式研究[J]. 成都体育学院学报，2020，46（6）：82-88.

层面，各方关系无法理顺，基础性问题未能得到有效解决，导致多元主体的协同性不足。

7.3.3 政府的培育主体作用发挥不明显

我国其他领域社会组织培育的经验表明：政府在社会组织培育体系中处于核心位置并发挥着关键性作用，离开政府的有效支持，社会组织培育目标很难实现。但是，我国体育管理部门还存在若干问题，这些问题制约着其培育主体作用的发挥。具体如下。①体育管理部门职能转移动力不足，转移项目有限。体育管理部门尤其是一些地方体育部门尚未厘清政府、市场和社会三者之间的关系，对发挥社会力量在提高公共体育服务质量方面的作用仍缺乏足够的认识、切实的行动和改革的魄力[1]。②政府购买公共服务开展不均衡，过程欠规范。近年来，政府购买公共体育服务作为体育社会组织培育的重要手段在全国范围内得以推广，但是各地政府购买公共体育服务推进的状况差异较大，一些经济欠发达地区的政府在购买公共体育服务实践方面相对滞后，存在承接主体单一、购买内容不均衡、竞争方式不足、监督欠缺等问题[2]。即便在经济发达地区，政府购买公共体育服务也存在评价主体、评价标准和评价方式尚未明确，购买流程欠规范等问题。

7.3.4 企业参与动力不足

体育社会组织培育需要注入大量的资源，因此单纯依靠政府力量无法实现培育目标，企业作为社会重要的经济主体，拥有丰富的人、财、物资源，也应成为体育社会组织培育的重要主体。但是，从我国目前的情况看，除在地方实践中出现了部分由企业主导成立体育行业协会的案例外，还没有出现企业参与培育的案例。一方面，由于体育领域影响力有限，难以对企业形成扩大影响的作用；另一方面，体育领域内部的企业规模较小，仅有的资源主要用于企业自身发展，难以再向体育社会组织等公益性领域投入资源。

7.3.5 体育社会组织力量薄弱

党的十八大以来，我国在体育发展中特别重视多元主体的作用，初步形成了

---

[1] 叶小瑜，李海，史芙英. 地方政府培育发展体育社会组织的实践探索——基于沪、苏、粤三地的调查[J]. 武汉体育学院学报，2021，55（3）：28-35.

[2] 刘潇阳，冯欣欣，曹继红. 经济欠发达地区政府购买公共体育服务政策执行的阻滞因素分析——以辽宁省为例[J]. 沈阳体育学院学报，2019，38（1）：74-80.

以政府为核心，社会主体、市场主体和广大公众参与的"一核多元"治理体系[①]。但是，受我国体育领域"强政府，弱社会"传统的影响，很多基层体育社会组织存在组织架构不完善、经费不足和体育参与机制不健全等问题，各体育组织之间碎片化、初级化状态明显，没有形成完整的"链条"[②]。尽管作为枢纽型社会组织的体育总会普遍具有规范性、合法性和权威性[③]，凭借其在体制内多年的积累，具有一定的资源优势，被认为是体育领域重塑政社关系、促进体育社会组织能力建设[④]的重要组织，但其自身仍然存在因嵌于同级体育管理部门而呈现"半官半民"性，以及独立性不足、资源依附、行政化运作等一系列问题。这些问题的存在必将制约其参与体育社会组织培育。

7.4 多元共治模式下体育社会组织建设的路径

7.4.1 优化体育社会组织发展环境

1. 倡导理念环境

党的二十大报告强调"健全共建共治共享的社会治理制度，提升社会治理效能。""共建共治共享"成为当前指引我国各领域改革的新理念。优化体育社会组织发展环境，需要积极倡导这一新的发展理念，构建以党和政府为核心，市场、社会和公众广泛参与的"一核多元"治理格局。同时，我们应以这一理念为指引，推动政府从各类体育供给的具体事务中解放出来，重视发挥体育社会组织和市场主体力量。

2. 完善法治环境

培育发展体育社会组织是顺应新时代"放管服"改革需求，推进现代体育治理体系建设的创新实践[⑤]，需要相应的法律法规予以保障。包括体育社会组织在内的所有社会组织的发展都需要以法律法规作为制度框架。就当前情况来看，我

---

① 刘玉，朱毅然. 新时代我国体育治理的经验审视、时代使命与改革重点[J]. 天津体育学院学报，2021，36（1）：1-11，36.
② 杨桦. 中国体育治理体系和治理能力现代化的概念体系[J]. 北京体育大学学报，2015（8）：1-6.
③ 崔玉开. 枢纽型社会组织：背景、概念与意义[J]. 甘肃理论学刊，2010（5）：75-78.
④ 何强. 建设枢纽型体育社会组织的现实困境与消解路径——基于体育总会改革的视角[J]. 北京体育大学学报，2021，41（1）：71-79.
⑤ 戴健，张盛，唐炎，等. 治理语境下公共体育服务制度创新的价值导向和路径选择[J]. 体育科学，2015，35（11）：3-12，51.

国须提高关于社会组织的立法层次，制定、出台规制所有社会组织的根本性法律，从而为社会组织发展提供基本法律保障。有关社会组织的法律应就社会组织开展活动的所有事项作出详尽规定，专门法的出台将对改善社会组织治理水平、提升社会组织自治能力产生重要作用。在具体操作层面，在实施社会组织登记管理制度改革的同时，须放宽体育社会组织准入门槛，简化登记程序。在这方面，广东针对大众体育社团的"先发展、后规范、后备案、后登记"做法值得借鉴[①]。

3. 营造政策环境

除通过制定法律法规支持体育社会组织发展外，还应就当前体育社会组织发展中面临的困境，制定、出台相应的扶持政策，发挥政策支持作用。各地可针对体育社会组织发展在合法性、资金、场地设施、人力资源等方面面临的困境，创新服务方式，为体育社会组织发展营造良好的政策环境。针对合法性困境，可借鉴深圳市的做法，采用"等级制""备案制"方式为体育社会组织具备合法性创造条件[②]。针对资金困境，体育管理部门可向地方政府列出资金需求清单，由地方政府通过财政预算或体育彩票公益金拨付专项支持资金；也可向地方税务部门提出申请，针对不同类型体育社会组织给予税收减免，降低体育社会组织的运作成本，缓解体育社会组织的资金压力。体育管理部门应协同人力资源管理部门出台体育社会组织专兼职工作人员聘用政策、薪酬待遇政策、社会保险缴纳政策等，以各项政策助力体育社会组织摆脱生存困境。

7.4.2 深化政府体育管理改革

由于体育管理体制存在路径依赖，所以尽管实施了体育治理变革，但是我国体育管理部门仍然具有较大的行政权力，习惯于以行政命令配置体育资源，这挤压了体育发展的社会空间，形成了体育领域"强政府，弱社会"的局面[③]。这样的体制难以形成针对体育社会组织的多元共治培育格局，因此必须实施针对政府部门的改革。

---

① 叶小瑜，李海，史芙英. 地方政府培育发展体育社会组织的实践探索——基于沪、苏、粤三地的调查[J]. 武汉体育学院学报，2021，55（3）：28-35.
② 汪俊. 深圳体育社会组织发展中的问题及其对策[J]. 体育学刊，2016，23（3）：73-78.
③ 冯欣欣，曹继红. 资源依赖视角下我国体育社团与政府的关系及其优化路径研究[J]. 天津体育学院学报，2013，28（5）：382-386.

1. 转变体育管理部门职能

体育管理部门应认识到自身能力的有限性，根据"政社分开""管办分离"的原则，厘清体育管理的各项职能，保留对体育事业发展进行宏观管理和监督的职能，剥离微观的举办、管理和服务职能，逐步将运动员、教练员、裁判员的等级认定，国民体质测试，体育职业技能培训，大众体育活动组织等职能通过政府购买公共服务等形式，交由各类体育社会组织来承担，拓展体育社会组织生存与发展的空间，发挥其在微观管理领域的优势，真正实现政府与体育社会组织各自职能归位，切实将地方政府应该转移给体育社会组织的职能剥离出来，逐步实现政社分开[①]。只有以政社分开方式让渡社会空间，才能培育发展体育社会组织。

2. 改变管理方式

体育管理部门应改变大众体育管理中惯常采用的政治性、非连续性活动动员方式，通过创立具有稳定性的大众体育活动项目，以政府购买项目方式鼓励具有专业优势、管理优势的体育社会组织参与项目建设，发挥不同类型体育社会组织在公共体育服务的差异化供给、项目专业知识及社会合法性方面的资源优势。在以项目动员参与的方式下，政府以资金、场地等支持体育社会组织，有利于形成与体育社会组织的平等合作。同样，在体育社会组织培育方面，政府也可以将计划培育的体育社会组织设立成若干培育项目，以项目吸引有能力的社会组织或企业参与培育。同时，针对实力不同的体育社会组织，政府可采用购买服务、委托、资助、补贴等不同方式予以支持。针对实力较强、具备承接政府职能转移和购买服务资质的体育社会组织，政府可采用具有竞争性的购买公共体育服务方式进行支持；对于实力较为薄弱、不具备参与政府购买服务项目能力的体育社会组织，政府可采用委托、资助、补贴及奖励等方式予以扶持。

7.4.3 提升体育社会组织能力

体育社会组织之所以在涵盖体育社会组织培育事务在内的体育治理中成为重要的"一元"，是因为其在功能上具有不可替代性。当然，这一不可替代性的发挥，有待于其组织能力的提升。在此，体育社会组织并非一个笼而统之的概念，而是包含各类层级组织的丰富内涵。我国目前仍处于体育治理转型时期，在体育管

---

① 叶小瑜，李海. 德、澳、英三国政府培育体育社会组织的特征及启示[J]. 体育文化导刊，2018（9）：33-37.

理的渐进式改革进程中，体育社会组织的发展呈现复杂样态，既有传统体制下同构于体育管理部门"自上而下"成立的体育总会和单项运动协会，也有随着大众体育发展而蓬勃兴起的大量"自下而上"成长的体育社会组织。两类体育社会组织面临不同的发展任务，体育总会和单项运动协会面临政社分开后的转型发展问题，因其具有发展基础，可成为多元共治模式下的培育主体之一。基层体育社会组织则更多面临生存性发展问题，这类组织往往是被培育的主体。

1. 推进"自上而下"型体育社会组织的脱钩改革

近年来，国家加快了各类社会组织脱钩改革的进程，2019年国家发展和改革委员会发布《关于全面推开行业协会商会与行政机关脱钩改革的实施意见》，要求按照去行政化的原则，实施"应脱尽脱"改革。按此要求，国家体育总局88个协会启动脱钩改革，全国各地也采取机构剥离、职能分离、人员分流、资源分配的方式，稳步推进体育协会的脱钩改革。在脱钩改革中，将体育总会及单项运动协会从体育行政机构序列中剥离，按照要求登记注册、设立机构；同时，需厘清脱钩后各类协会的职能边界；按照个人自由选择、组织对口调配、适度利益补偿相结合的原则分流人员，同时完善保障性薪酬制度，招募各类专业人才。

2. 发挥各级体育总会的枢纽型组织作用

针对脱钩后各级体育总会的资源需求，体育管理部门应提供必要的初始活动经费、办公场地设备、活动场地等，保证体育总会顺利度过转型期并获得发展。赋予转型后的体育总会平台纽带、沟通联系、服务指导、业务管理等职能[1]。体育总会可以发挥其熟悉属地体育社会组织发展情况的优势，在体育社会组织建设的薄弱环节精准发力，科学配置、提供相应的扶持资源。体育总会作为体育社会组织的枢纽平台，有利于整合更多政府、体育社会组织乃至企业的资源用于建设体育社会组织。

3. 加强体育社会组织的组织能力建设

无论是参与培育的体育社会组织还是被培育的体育社会组织，都面临着组织能力建设的问题。首先，各类体育社会组织需加强组织建设，修改完善组织章程，健全治理体系和治理机制；其次，体育社会组织应提升业务能力，应发挥自己在

---

[1] 钱坤. 从"管理"走向"服务"：枢纽型社会组织的实践困境、功能转型与路径选择[J]. 兰州学刊，2019（11）：134-145.

项目发展、赛事组织等领域的专业性作用，围绕核心项目，拓展活动领域，创新活动方式，同时，提升参与公共体育服务的能力，完善组织的财务管理、年检审核等业务流程。体育社会组织应凭借专业性和社会性，回应社会需求，提升社会声誉，广泛开展社会动员，扩大资源筹集渠道。

7.4.4 加大市场主体参与的力度

从我国体育社会组织的培育和建设来看，无论是在参与范围还是在投入资源数量方面，市场主体的参与力度都有很大的提升空间，关键在于如何激发市场主体的参与动机，使市场主体认识到参与体育社会组织建设的价值。以企业社会责任激发市场主体参与培育的动机是可行的路径。

近年来，企业社会责任成为影响企业发展的重要因素，企业社会责任的内涵也随着人们认识的不断深入而愈加丰富。企业社会责任是在某一特定时期社会对企业寄予的经济、法律、伦理和自由决定（慈善）的期望[1]。有研究认为企业将社会责任投资置于与传统投资活动同等重要的位置，更有可能吸引各类利益相关者持续投入优质资本[2]，能发挥"声誉保险机制"作用[3]。发展体育社会组织是在我国建设健康中国和体育强国战略背景下，提高大众体育参与的组织化程度、提升广大人民群众在运动参与方面的获得感和幸福感的重要举措。企业参与体育社会组织培育属于其承担的社区责任，企业借助专业化的体育社会组织倡导健康生活方式，普及健康知识和疾病防控知识，有利于彰显企业的责任担当，提高企业声誉。

7.4.5 完善培育的协同机制

在多元共治培育模式下，不是某一主体单独行动，而是多元主体共同参与培育与建设，既需要对培育有明确的策略设计，也需要形成有利于多元主体互动的协同机制。

1. 优化培育策略

根据我国当前体育社会组织发展状况，制定切实可行的培育策略，从理念和

---

[1] CARROLL A. A three-dimensional conceptual model of corporate performance[J]. Academy of management review, 1979(4): 497-505.
[2] 尹开国，刘小芹，陈华东. 基于内生性的企业社会责任与财务绩效关系研究——来自中国上市公司的经验证据[J]. 中国软科学，2014（6）：98-108.
[3] 孟庆斌，侯粲然. 社会责任履行与企业金融化——信息监督还是声誉保险[J]. 经济学动态，2020（2）：45-58.

制度设计上应认识到一元行政主体培育的弊端所在，倡导具有创新性的多元协同培育。在培育中，不仅应该注重单个体育社会组织的能力建设，还应该注重提供综合性的支持；不仅应该服务于初创期的体育社会组织，还应该分析处于不同生命周期的体育社会组织的需求，有针对性地提供"动态式"指导和服务；不仅应该提供入驻孵化基地的"圈养式"服务，还应该创造适宜的成长环境，主动挖掘体育社会组织的需求，提供个性化、有针对性的服务。

2. 实施协同培育

协同培育方式对多元主体提出了新要求。对于政府而言，需要主动作为，将体育社会组织培育纳入政府采购计划，除建立孵化培育基地外，还应有规划地投入资金；认识到满足公众多元化的运动服务需求是体育社会组织培育的根本目的，改变以"政府要求"为目标的培育目的，应突出"公众需要"，在资源有限的情况下广泛征求意见，制定科学合理的培育规划，重点培育居民需求强烈的体育社会组织。政府应更多地引入企业力量参与体育社会组织培育，形成"政—企—社"多元主体良性互动、有序协同的培育局面。作为培育机构的社会组织，应更好地扮演"召集者"和"促进者"的角色[①]，关注部门之间的合作协同。

7.4.6 创新体育社会组织治理方法和手段

1. 搭建多元主体间的信息共享与交流平台

随着我国大众体育的发展，各类体育社会组织蓬勃兴起，加之全社会信息化水平的提高，有必要运用计算机、互联网等信息网络技术，改进体育社会组织治理流程，提升治理科学化水平。应发挥信息网络技术优势，并以此为基础形成体育社会组织大数据平台，汇集区域体育社会组织的基础信息，系统整合多元培育主体的优势资源、发展需求等信息，形成管理信息系统。在此基础上，通过数据平台让政府、企业、社会组织等了解体育社会组织培育的具体供需关系，进而促进各类主体有针对性地提供精准培育服务。开发平台的多元主体线上交流互动、意见反馈等功能，使多元主体充分了解体育管理部门培育体育社会组织的方向与要求，使被培育的体育社会组织畅通地表达利益诉求，通过多元主体之间及时的沟通交流与反馈，减少信息失真的现象，提高培育的效果与效率。统一的信息交流与共享平台有利于打破治理过程中因多元主体间的信息壁垒而出现的"信息孤

---

① 许芸. 社会治理视角下的社会组织培育与发展研究——以江苏省南京市为例[D]. 南京：南京大学，2015.

岛"现象，可以推动体育管理部门、体育社会组织及相关体育企业等实现信息公开，降低多元主体参与的交易成本，提升体育社会组织培育的质量与成效。

2. 建立科学的考核模式

政府和培育机构应将体育社会组织可持续发展作为核心考核指标，重视为培育期满的体育社会组织提供后续支持，防止因重量轻质而造成资源浪费。在考核方式方面，发挥大数据在体育社会组织培育评估中的作用。重视体育社会组织管理中数据的采集更新与使用，促进数据信息的跨部门、跨区域、跨层级协同共享，发挥大数据处理在社会组织培育中的重要作用。运用新的信息技术和移动电子服务，利用手机、平板计算机等移动终端随地随需办理事务，提高体育社会组织的智慧化程度。

参 考 文 献

[1] 柏必成. NPOs与政府的关系分析——基于中国NPOs的分类[J]. 公共管理学报, 2005, 2（4）: 13-18.

[2] 陈剩勇, 于兰兰. 网络化治理: 一种新的公共治理模式[J]. 政治学研究, 2012（2）: 108-119.

[3] 陈天祥, 郑佳斯. 双重委托代理下的政社关系: 政府购买社会服务的新解释框架[J]. 公共管理学报, 2016（3）: 36-48, 154.

[4] 蔡岚. 协同治理: 复杂公共问题的解决之道[J]. 暨南学报（哲学社会科学版）, 2015, 37（2）: 110-118.

[5] 蔡岚. 合作治理: 现状和前景[J]. 武汉大学学报, 2013, 66（3）: 41-46, 128.

[6] 陈丛刊, 魏文. 我国体育社会组织治理方式分析与启示[J]. 体育文化导刊, 2018（4）: 10-14.

[7] 陈天祥, 郑佳斯, 贾晶晶. 形塑社会: 改革开放以来国家与社会关系的变迁逻辑——基于广东经验的考察[J]. 学术研究, 2017（9）: 68-77, 178.

[8] 陈恒钧, 黄婉玲. 台湾半导体产业政策之研究: 政策工具研究途径[J]. 中国行政, 2004（75）: 43-47.

[9] 崔玉开. 枢纽型社会组织: 背景、概念与意义[J]. 甘肃理论学刊, 2010（5）: 75-78.

[10] 陈泽兵. 社会转型期我国民间体育组织的发展研究[J]. 成都体育学院学报, 2002（4）: 27-28, 32.

[11] 丁赟. 论体育社团生存与发展的现实"环境"及其职能[J]. 体育与科学, 2006（5）: 62-64.

[12] 杜梅, 叶锦. 体育社会组织参与基层治理能力研究: 实证与路径创新[J]. 西安体育学院学报, 2019（5）: 580-587.

[13] 戴维·赫尔德, 安东尼·麦克格鲁, 戴维·戈尔德布莱特, 等. 全球大变革: 全球化时代的政治、经济与文化[M]. 杨雪冬, 周红云, 陈家刚, 等译. 北京: 社会科学文献出版社, 2001.

[14] 杜晓旭. 公共体育服务视角下我国社会体育组织培育及管理研究[J]. 湖北体育科技, 2018, 37（3）: 193-197.

[15] 戴红磊, 于文谦. 国家治理视角下体育社会组织的治理[J]. 体育学刊, 2017, 24（5）: 36-40.

[16] 丁惠平. 居间往返: 支持型社会组织的行动机制——以北京市恩派非营利组织发展中心为个案[J]. 贵州社会科学, 2019（11）: 51-57.

[17] 丁惠平. 支持型社会组织的分类与比较研究——从结构与行动的角度看[J]. 学术研究, 2017（2）: 59-65, 177-178.

[18] 丁元竹. 为什么志愿机制是可能的[J]. 学术研究, 2012（10）: 56-60.

[19] 丁惠平. 依附、发轫与同构: 当代中国社会组织发展历程[J]. 学习与探索, 2019（10）: 30-37, 191.

[20] 戴健，张盛，唐炎，等. 治理语境下公共体育服务制度创新的价值导向和路径选择[J]. 体育科学，2015，35（11）：3-12，51.

[21] 范冬云，罗亮，王旭. 改革开放 40 年我国体育社团角色变迁——基于社会治理视角[J]. 体育学刊，2019，26（6）：77-81.

[22] 范美丽，蔡里蒙. 组织场域视角下单项运动协会变迁的动力与路径分析[J]. 首都体育学院学报，2017，29（4）：363-366.

[23] 冯欣欣. 单项运动协会制度变迁的"锁定效应"研究[J]. 沈阳体育学院学报，2017，36（3）：29-33.

[24] 冯欣欣，曹继红. 政府与非营利体育组织合作：理论逻辑与模式转变——基于资源依赖的视角[J]. 天津体育学院学报，2012，27（4）：297-302.

[25] 冯欣欣，曹继红. 资源依赖视角下我国体育社团与政府的关系及其优化路径研究[J]. 天津体育学院学报，2013，28（5）：382-386.

[26] 冯火红. 地方政府群众体育行政变迁与发展研究[J]. 沈阳体育学院学报，2010，29（4）：10-13，17.

[27] 冯元，岳耀蒙. 我国公益创投发展的基本模式、意义与路径[J]. 南京航空航天大学学报，2013，15（4）：28-32.

[28] 冯晓丽，崔佳柠. 新时代我国体育社会组织高质量发展研究[J]. 体育学刊，2020，27（2）：44-49.

[29] 邰宪达，万向东. 回到社会权力：新生社会组织的生存策略探讨——基于 L 机构的个案研究[J]. 华东理工大学学报（社会科学版），2017（4）：52-64.

[30] 郭春玲. 中国体育社团改革的若干法律制度设计[J]. 西安体育学院学报，2010（6）：641-644.

[31] 郭修金，戴健. 政府购买体育社会组织公共体育服务的实践、问题与措施——以上海市、广东省为例[J]. 上海体育学院学报，2014，38（3）：7-12.

[32] 郭小聪，聂勇浩. 服务购买中的政府——非营利组织关系：分析视角及研究方向[J]. 中山大学学报，2013，53（4）：155-162.

[33] 顾昕，王旭. 从国家主义到法团主义：中国市场转型过程中国家与专业团体关系的演变[J]. 社会学研究，2005（2）：155-175，245.

[34] 国家体委联合调查组. 解放思想积极探索推进体育协会制的改革——全国性单项运动协会实体化改革试点情况的调查[J]. 体育文史，1995（1）：27-30.

[35] 贵州省体委，贵阳市体委联合调查组. 文体广电三家合一功能互补协调稳定——贵阳市花溪区体育机构改革调查报告[J]. 体育文史，1996（2）：31-33.

[36] 高小平. 国家治理体系与治理能力现代化的实现路径[J]. 中国行政管理，2014（1）：9.

[37] 葛亮，朱力. 非制度性依赖：中国支持型社会组织与政府关系探索[J]. 学习与实践，2012（12）：70-77.

[38] 黄晓春. 当代中国社会组织的制度环境与发展[J]. 中国社会科学, 2015（9）：146-164, 206-207.

[39] 黄晓春. 中国社会组织成长条件的再思考——一个总体性理论视角[J]. 社会学研究, 2017（1）：102-124, 244.

[40] 黄旭, 程林林. 非营利体育组织研究述评[J]. 体育与科学, 2011, 32（5）：1-5.

[41] 胡宇, 刘青. 我国非营利体育组织政府管理模式特点及创新研究[J]. 成都体育学院学报, 2012, 37（1）：33-36.

[42] 黄亚玲. 制约中国体育社团组织发展的文化因素[J]. 山东体育学院学报, 2004（3）：11-13.

[43] 黄亚玲. 中国体育社团的发展——历史进程、使命与改革[J]. 北京体育大学学报, 2004（2）：155-157.

[44] 胡云霞. 创新社会治理视域下社会体育服务组织的培育与发展[J]. 体育成人教育学刊, 2019, 35（3）：59-61.

[45] 黄世席. 国际体育运动中的人权问题研究[J]. 天津体育学院学报, 2003, 18（3）：21-24, 45.

[46] 黄建军, 梁宇, 余晓芳. 改革开放以来我国政府与社会组织关系建构的历程与思考[J]. 中国行政管理, 2016（7）：35-39.

[47] 何强. 建设枢纽型体育社会组织的现实困境与消解路径——基于体育总会改革的视角[J]. 北京体育大学学报, 2021, 41（1）：71-79.

[48] 韩俊魁. 当前我国非政府组织参与政府购买服务的模式比较[J]. 经济社会体制比较, 2009（6）：128-134.

[49] 敬乂嘉. 合作治理：历史与现实的路径[J]. 南京社会科学, 2015（5）：1-9.

[50] 姜岩. 我国政府体育职能转变的目标模式及路径研究[J]. 沈阳体育学院学报, 2015（6）：18-23.

[51] 蒋传光. 公民身份与公民参与：法治中国建设的关键要素——以社会组织培育为例[J]. 浙江社会科学, 2014（6）：61-71, 157.

[52] 康晓光, 韩恒. 行政吸纳社会——当前中国大陆国家与社会关系再研究[J]. 中国社会科学（英文版）, 2007（2）：116-128.

[53] 康晓光, 韩恒. 分类控制：当前中国大陆国家与社会关系研究[J]. 社会学研究, 2005（6）：73-89.

[54] 孔维峰, 李军岩. 组织变革视野下中国非营利体育组织发展障碍及路径[J]. 沈阳体育学院学报, 2012（1）：46-48.

[55] 陆海燕, 洪波. 政府向支持型社会组织购买公共服务研究——以浙江省宁波市海曙区为例[J]. 内蒙古社会科学（汉文版）, 2012（3）：22-26.

[56] 刘东峰, 杨蕾. 我国非政府体育组织的需求与供给[J]. 成都体育学院学报, 2005, 31（6）：27-30.

[57] 刘东锋. 对我国单项运动协会实体化改革演进的思考[J]. 体育学刊, 2008, 15（9）: 21-25.

[58] 卢元镇. 论中国体育社团[J]. 北京体育大学学报, 1996（1）: 1-7.

[59] 刘庆山. 重构与嵌入：政府职能转变背景下我国体育非营利组织健康发展研究[J]. 西安体育学院学报, 2011（3）: 283-287.

[60] 龙秋生. 我国体育社团经费来源调控的长效机制研究——以珠三角地区为例[J]. 成都体育学院学报, 2010（7）: 17-20.

[61] 刘建中. 协同学与社区自发性群众体育组织形成与发展机制[J]. 体育学刊, 2009（8）: 40-43.

[62] 廖建媚. 我国政府购买非营利组织体育服务研究[J]. 成都体育学院学报, 2013, 39（10）: 17-21.

[63] 李采丰, 陈伟. 全民健身视角下体育社会组织发展能力指标体系及应用研究[J]. 北京体育大学学报, 2019（2）: 55-63.

[64] 李文钊. 理解治理多样性：一种国家治理的新科学[J]. 北京行政学院学报, 2016（6）: 47-57.

[65] 李德周, 杜婕. "共赢"——一种全球化进程中的建设性思维方式[J]. 人文杂志, 2002（5）: 140-147.

[66] 刘鹏. 从分类控制走向嵌入型监管：地方政府社会组织管理政策创新[J]. 中国人民大学学报, 2011（5）: 91-99.

[67] 乐园. 公共服务购买：政府与民间组织的契约合作模式——以上海打浦桥社区文化服务中心为例[J]. 中国非营利评论, 2008（1）: 143-160.

[68] 刘波, 方奕华, 彭瑾. "多元共治"社区治理中的网络结构、关系质量与治理效果——以深圳市龙岗区为例[J]. 管理评论, 2019, 31（9）: 278-290.

[69] 李震, 陈元欣, 刘倩. 政府购买公共体育服务研究——以武汉市政府购买游泳服务为个案[J]. 武汉体育学院学报, 2014, 48（7）: 36-40.

[70] 刘春华. 我国基层体育大部制改革历程及发展研究[J]. 河北体育学院学报, 2018, 32（4）: 7-14.

[71] 刘亮, 吕万刚, 付志华, 等. 新时期我国体育体制的理性化重塑——研究路径回顾与分析框架探索[J]. 体育科学, 2017, 37（7）: 3-9, 36.

[72] 刘潇阳, 冯欣欣, 曹继红. 经济欠发达地区政府购买公共体育服务政策执行的阻滞因素分析——以辽宁省为例[J]. 沈阳体育学院学报, 2019, 38（1）: 74-80.

[73] 李健, 王名. 社会企业与社会治理创新：模式与路径[J]. 北京航空航天大学学报（社会科学版）, 2015（3）: 9-15.

[74] 栾晓峰. 社会内生型社会组织孵化器及其建构[J]. 中国行政管理, 2017（3）: 44-50.

[75] 卢福营, 熊兢. 优势主导——多元共治模式下社区治理体制创新[J]. 河南社会科学, 2017, 25（9）: 13-19.

[76] 刘玉，朱毅然. 新时代我国体育治理的经验审视、时代使命与改革重点[J]. 天津体育学院学报，2021，36（1）：1-11，36.

[77] 马志和，张林. 非营利体育组织发展前瞻：一个市民社会的视角[J]. 天津体育学院学报，2003（2）：59-61.

[78] 孟欢欢，李健，张伟. 政府培育社会体育组织的实践与反思——以上海为例[J]. 沈阳体育学院学报，2018，37（2）：16-22.

[79] 马志和，顾晨光，高学民，等. 我国单项运动协会制度变迁的目标模式与政策措施[J]. 上海体育学院学报，2008，32（5）：23-27.

[80] 马凯. 以转变政府职能为核心，深化行政管理体制改革[J]. 国家行政学院学报，2008（5）：4-9.

[81] 马迎贤. 资源依赖理论的发展和贡献评析[J]. 甘肃社会科学，2005（1）：116-119，130.

[82] 孟庆斌，侯粲然. 社会责任履行与企业金融化——信息监督还是声誉保险[J]. 经济学动态，2020（2）：45-58.

[83] 彭菲，张泽君，徐诗淳，等. 脱钩条件下单项体育协会治理模式研究[J]. 成都体育学院学报，2020，46（6）：82-88.

[84] 彭菲. 社会治理新常态下体育社会组织与政府合作治理机制研究[J]. 首都体育学院学报，2017（4）：336-338，347.

[85] 彭少峰. 依附式合作：政府与社会组织关系转型的新特征[J]. 社会主义研究，2017（5）：112-118.

[86] 秦洪源，付建军. 法团主义视角下地方政府培育社会组织的逻辑、过程和影响——以成都市 W 街道社会组织培育实践为例[J]. 社会主义研究，2013（6）：65-69，114.

[87] 渠敬东. 项目制：一种新的国家治理体制[J]. 中国社会科学，2012（5）：113-130，207.

[88] 邱宣. 美国企业孵化器发展及对我国的启示[J]. 东北亚论坛，2006，15（5）：31-35.

[89] 钱坤. 从"管理"走向"服务"：枢纽型社会组织的实践困境、功能转型与路径选择[J]. 兰州学刊，2019（11）：134-145.

[90] 荣奎桢，陆奇斌. 企业与社会组织联盟研究综述——基于企业社会视角[J]. 管理现代化，2020（2）：116-118.

[91] 孙国友，李江，张玉秀. 我国非营利体育组织的发展路径之研究[J]. 南京体育学院学报，2006（4）：16-18.

[92] 沈国盛. 地方性单项体育社团发展模式创新研究——基于宁波市单项体育社团的调研[J]. 成都体育学院学报，2008（6）：18-20.

[93] 沈克印，吕万刚. 政府购买公共体育服务的学理逻辑与边界问题研究[J]. 首都体育学院学报，2018，30（2）：117-121.

[94] 沈克印．政府与体育社会组织协同治理的地方实践与推进策略——以常州市政府购买公共体育服务为例[J]．武汉体育学院学报，2017，51（1）：12-19．

[95] 舒宗礼．全民健身国家战略背景下社区青少年体育社会组织的培育与发展[J]．体育科学，2016（6）：3-10．

[96] 孙柏瑛．当代地方治理——面向21世纪的挑战[J]．北京：中国人民大学出版社，2004．

[97] 孙健．网络化治理：公共事务管理的新模式[J]．学术界，2011（2）：55-60，257-259．

[98] 孙哲，戴红磊，于文谦．我国体育社会组织培育路径研究——基于社会治理的视角[J]．西安体育学院学报，2018（1）：43-47．

附　　录

附录1　"多元共治视域下体育社会组织培育模式研究"专家问卷

尊敬的专家：

　　您好！我们是"多元共治视域下体育社会组织培育模式研究"课题组，现就我国体育社会组织的发展及其管理状况调研设计征求您的意见和建议，恳请您在百忙之中对本设计进行评定。感谢您的支持和帮助！

课题组
2019 年 12 月

　　请您对问卷中的指标进行重要程度评定（附表 1-1），本问卷对指标的评价等级如下：5 非常重要、4 重要、3 一般、2 不重要、1 非常不重要。请在选择的框内画"✓"。如果您认为所列项目不够全面，则请在空白栏里予以补充，也可以就问卷的整体设计提出建议。

专家单位：＿＿＿＿＿＿＿＿　　　　签字：＿＿＿＿＿＿＿＿

附表 1-1　"多元共治视域下体育社会组织培育模式研究"专家问卷

一级指标	二级指标	三级标题	评价 5	4	3	2	1
体育社会组织发展状况	数量规模	数量					
		规模					
	规范化	登记注册					
		组织机构					
		组织章程					
	功能发挥	发展会员					
		开展活动					
		组织赛事					
		参与地方治理					
		承接公共服务					
体育社会组织管理改革	自主性	组织章程制定					
		负责人产生					
		机构设置					
		经费筹措					
		开展活动					
	赋权	承认独立地位					
		人员独立					
		机构独立					
		财务独立					
		决策活动					
	规制	设立主管单位					
		审核章程					
		审批领导人选					
		审批经费支出					
		审批活动开展					

续表

一级指标	二级指标	三级标题	评价					
			5	4	3	2	1
体育社会组织管理改革	培育	制定政策					
		放宽规制					
		打破垄断					
		税收支持					
		资金支持					
		人员培训					
		政府购买					

您认为以上指标：□全面　　□较全面　　□一般　　□不够全面

您认为以上指标：□有效　　□较有效　　□一般　　□无效

您的其他意见或建议：

_____

_____

_____

再次感谢您对本研究无私的帮助！

附录2　体育社会组织治理状况与培育需求调查问卷

尊敬的先生、女士

您好！我们是"多元共治视阈下体育社会组织培育模式与建设路径研究"课题组，为了解我国体育社会组织的治理状况及培育需求，特开展此次问卷调查，您可以就您所领导的体育社会组织的实际情况回答此问卷。此问卷仅作为学术研究的依据，不涉及评比等事务，您据实回答即可。感谢您的支持与配合。

课题组

2020 年 3 月

为便于后续联系，请填写您的联系方式（Email、QQ 或微信号）_____

1. 贵单位所在省市及单位名称_____
2. 贵单位的成立时间_____
3. 贵单位的个人会员和单位会员数量分别是多少？_____
4. 贵单位是否有固定的办公地点？（　　）

    A 是　　　　　　　　　　　B 否

5. 贵单位专职和兼职工作人员的数量分别是多少？（　　）
6. 贵单位是否有明确的组织分工？（　　）

    A 是　　　　　　　　　　　B 否

7. 贵单位组织分工确定的方式是（　　）。

    A．挂靠部门指定　　　　　　B．本单位管理人员决定

    C．会员大会决定　　　　　　D．其他

8. 贵单位获得合法资格的方式是（　　）。

    A．民政局登记注册　　　　　B．挂靠体育管理部门

    C．挂靠基层政府部门　　　　D．其他

9. 贵单位是否制定了组织章程？（　　）

    A 是　　　　　　　　　　　B 否

10. 贵单位组织章程制定的方式是（　　）。
    A. 挂靠部门帮助制定   B. 本单位管理人员制定
    C. 会员大会讨论制定   D. 其他

11. 贵单位负责人产生的方式是（　　）。
    A. 挂靠部门指定   B. 本单位管理人员选举产生
    C. 会员大会讨论选举产生   D. 其他

12. 贵单位的经费来源有（　　）。（多选）
    A. 体育管理部门拨款   B. 会员捐赠
    C. 参与购买服务   D. 获得企业赞助
    E. 其他社会组织援助   F. 其他

13. 贵单位的经费支出是否需要向挂靠部门报批？（　　）
    A. 是   B. 否

14. 贵单位开展大众健身活动的频率为（　　）。
    A. 每月1次   B. 每月2～3次
    C. 每月4～5次   D. 每月6次以上
    E. 其他

15. 贵单位组织大众赛事活动的频率为（　　）。
    A. 每季度1次及以下   B. 每季度2次
    C. 每季度3次   D. 每季度4次及以上
    E. 其他

16. 贵单位开展的赛事活动属于（　　）。（多选）
    A. 挂靠单位要求开展   B. 本单位有计划决定开展
    C. 参与购买服务   D. 其他

17. 贵单位开展赛事活动是否需要向挂靠部门报批？（　　）
    A. 是   B. 否

18. 贵单位所在地区是否有关于社会组织培育的政策？（　　）
    A. 是   B. 否

19. 贵单位所在地区是否实行了社会组织放宽规制的政策？（　　）
    A. 是   B. 否

20. 贵单位所在地区是否实行了一业一会制度？（　　）
    A. 是   B. 否

21．贵单位所在地区是否实行了针对社会组织的税收优惠政策？（　　）

　　A．是　　　　　　　　　　B．否

22．贵单位挂靠的机构是否给予资金支持？（　　）

　　A．是　　　　　　　　　　B．否

23．贵单位所在地区是否开展针对社会组织管理人员的培训活动？（　　）

　　A．是　　　　　　　　　　B．否

24．贵单位所在地区是否开展政府购买公共体育服务？（　　）

　　A．是　　　　　　　　　　B．否

25．贵单位是否承接政府购买公共体育服务项目？（　　）

　　A．是　　　　　　　　　　B．否

26．贵单位承接政府购买公共体育服务项目的方式是（　　）。

　　A．公开投标　　　　　　　B．购买部门直接委托

　　C．购买部门从多个承接者中遴选　　D．其他

27．请您列举贵单位发展面临的困境（可从相关政策、人力资源、物质资源、资金支持等方面表述）。

_____

28．请按照需要程度顺序（首位为最需要）列出贵单位希望获得的培育支持。

_____

附录3　体育社会组织治理状况与培育需求访谈提纲
（体育社会组织负责人）

您好！我们是"多元共治视域下体育社会组织培育模式与建设路径研究"课题组，现就我国体育社会组织治理状况与培育需求展开调研，本次访谈内容仅用于学术研究，感谢您的支持和帮助！

课题组

2020年3月

1. 负责人姓名、年龄及背景等基本情况。
2. 贵单位的发展概况，包括：名称、成立时间、注册方式、工作人员规模、组织结构、专兼职工作人员数量、工作人员背景、会员数量、办公场所、组织目标、规章制度、资金来源等。
3. 贵单位发展会员的方式有哪些？
4. 请介绍贵单位开展活动的类型、频率，活动经费筹措方式，经费使用制度。
5. 贵单位是否参与政府购买公共服务？参与的方式是什么？
6. 贵单位在发展过程中遇到了哪些障碍？发展中有哪些需求？
7. 哪些机构曾给予贵单位帮助？
8. 贵单位与体育管理部门、其他社会组织、企业的关系如何？
9. 是否知晓社会企业？贵单位是否按照社会企业的方式运作？
10. 贵单位发展中值得推广的经验有哪些？